REFLEXÕES SOBRE O SOCIALISMO CHINÊS

FERNANDO MARCELINO PEREIRA

KOTTER
EDITORIAL

Diretor editorial: Sálvio Nienkötter
Coordenação editorial: Claudecir de Oliveira Rocha
Editor-executivo: João Lucas Dusi
Editor-assistente: Luiz Felipe Cunha
Capa: Jussara Salazar
Design editorial: Carlos Garcia Fernandes
Produção: Joehverson Guslem Jacob
Preparação de originais e revisão: O Autor

Dados Internacionais de Catalogação na Publicação (CIP)
Angelica Ilacqua CRB-8/7057

P491r

Pereira, Fernando Marcelino
Reflexões sobre o socialismo chinês / Fernando Marcelino Pereira. – 1. ed. – Curitiba : Kotter editorial, 2025.
126 p.

ISBN 978-65-5361-421-5

1. China – Socialismo 2. China - Comunismo
I. Título

CDD 335

25-1103

KOTTER EDITORIAL

Kotter Editorial Ltda.
Rua das Cerejeiras, 194
CEP: 82700-510 - Curitiba - PR
Tel. + 55(41) 3585-5161
www.kotter.com.br | contato@kotter.com.br

Feito o depósito legal
1ª Edição
2025

REFLEXÕES SOBRE O SOCIALISMO CHINÊS

FERNANDO MARCELINO PEREIRA

SUMÁRIO

REFLEXÕES SOBRE O SOCIALISMO CHINÊS

NOTA INTRODUTÓRIA

Há cerca de quinze anos venho estudando a China. Em meu último livro, *A Revolução das Cidades Inteligentes na China* (Appris, 2024), debato a fenomenal urbanização chinesa que desafia nossa compreensão sobre a urbanização contemporânea, tanto pela escala e velocidade das transformações quanto por seus resultados em termos de qualidade de vida e modelo de governança.

A presente coletânea reúne textos diversos, publicados nos últimos anos, grande parte deles no portal OutrasPalavras. Eles discutem diferentes aspectos das reformas socialistas na China, oferecendo uma perspectiva sobre sua natureza, trajetória e futuro.

Não é comum no Ocidente aceitar que a China seja socialista. Entretanto, enquanto boa parte do mundo aderiu ao Consenso de Washington e à cartilha neoliberal, a China manteve sua soberania e suas empresas estatais, sem privatizá-las ou deixar de considerá-las instrumentos estratégicos de orientação do mercado. A natureza da economia chinesa difere das demais economias de mercado. O Estado chinês mantém como propriedade social a maioria do sistema financeiro e dos setores de desenvolvimento científico e tecnológico, ramos industriais e infraestrutura, garantindo uma distribuição dos meios de produção com caráter socialista. Nos países capitalistas, o foco do Estado é o capital, intervindo eventualmente para implementar infraestrutura e mitigar as crises constantes nas quais se envolve. A China, por outro lado, possui um sistema de planejamento estratégico estatal, baseado nas diretrizes do Partido Comunista, e utiliza o mercado para alcançar seus objetivos de desenvolvimento. O resultado histórico concreto é tornar-se, em poucas décadas, a maior potência global, rompendo o domínio das forças estruturais ocidentais que dominaram o mundo por 500 anos. Como salienta Walden Bello:

> A liderança da China é muito interessante. Pequim vem fornecendo uma quantidade impressionante de recursos aos países do Sul Global e é um modelo em que o Estado controla as forças de mercado. Cada vez mais países estão olhando para isso como uma alternativa às economias orientadas pelo mercado. Isso criou algum espaço para que o Sul Global pudesse se distanciar do Ocidente, tramar seu próprio desenvolvimento, ensaiar políticas autônomas — e não continuar a ser dominado por uma força ocidental liderada pelos Estados Unidos.

Millôr Fernandes dizia que "quando uma ideologia fica bem velhinha, vem morar no Brasil". É o que vemos sobre o liberalismo que, embora superado em várias partes do mundo, continua firme e forte aqui. O Brasil, que era maior que a China nos anos 1980, agora equivale a cerca de 10% do atual PIB chinês, podendo ficar ainda menor nos próximos anos. Mesmo assim, o liberal brasileiro — que destruiu a própria economia nas últimas décadas — ainda se posiciona como conselheiro econômico para a China. E assim será por muito tempo. o interesse pela China tem crescido no Brasil. Há um fio histórico que remonta à época da Rota das Índias, que se conectava a Macau, quando o Brasil era parte do Império Português. Gilberto Freyre chegou a chamar o Brasil de 'China Tropical', devido às"" intensas referências, relações e trocas culturais. Com a ascensão do imperialismo inglês e depois norte-americano, o Brasil começou a orbitar esse novo mundo, distanciando-se das suas raízes orientais. Agora, com o mundo tornando-se cada vez mais 'sino-cêntrico',"" o Brasil tem a chance de reestabelecer esse elo perdido. o conhecimento sobre a China é crucial nesse processo.

FRANCIS FUKUYAMA — QUEM DIRIA — MORREU EM PEQUIM

Vinte hipóteses sobre a trajetória do socialismo e o "fim da História".

1

É bem conhecida a ideia promulgada pelo "marxismo ocidental" de que, atualmente, é mais fácil imaginar o fim do mundo do que o fim do capitalismo. O socialismo encabeçado pela URSS acabou. Todos os seus métodos passaram a ser vistos como obsoletos. As alternativas socialistas só poderiam nos levar a uma sociedade cinzenta, tediosa e supercontrolada. Enquanto uns apontaram que era preciso liquidar o capitalismo imediatamente, outros passaram a defender a ideia de "mudar o mundo sem tomar o poder". Ganharam força os ímpetos de domesticar o capitalismo por meio da democracia liberal, com uma democracia mais participativa. Novas formas de lutar dentro do capitalismo liberal contra o próprio capitalismo passaram a ser incentivadas. A tese exposta por Francis Fukuyama, de que havíamos chegado ao "fim da história" por não existir um sistema superior ao capitalismo liberal, ganhou corações e mentes por todo canto. Até mesmo badalados críticos marxistas passaram a enfatizar que os países remanescentes do socialismo real, como a China, estavam desembocando em algo pior que o capitalismo ocidental, pois passaram a combinar um Estado forte e autoritário com uma dinâmica capitalista selvagem, sem contar o trabalho escravo e a violação de direitos humanos.

2

É verdade que não existe um consenso geral sobre o que seja o socialismo, nem sequer entre aqueles que se consideram socialistas. Nunca o significado de socialismo foi o mesmo para aqueles que se identificam com essa corrente. Diante de tantas opiniões e divergências, vamos tomar como base a noção básica desenvolvida por Marx: o socialismo é uma formação social que deve superar o capitalismo no longo processo histórico, por se tratar de um modo de produção da vida social que atende às necessidades materiais e imateriais da humanidade.

3

Marx concluiu que o sistema econômico e social capitalista gerava contradições próprias que deveriam transformá-lo, ao amadurecer, numa sociedade de novo tipo. Chamou-a de socialismo (fase inicial) e comunismo (fase superior). São diferentes modos de produção com correspondências próprias entre uma estrutura econômica (forças produtivas + relações de produção correspondentes), uma estrutura jurídico-política (responsável por garantir a unidade da formação social sob a dominância desse modo de produção, produzindo as condições de sua reprodução) e uma estrutura ideológica que interpela os indivíduos como sujeitos do modo de produção (engajando, pelo imaginário, os indivíduos em relações sociais objetivas).

4

Para Marx, o caminho do socialismo se abriria apenas quando as forças produtivas atingissem um alto nível de desenvolvimento capitalista e só poderia se desenvolver com uma economia planificada socialista. O desenvolvimento das forças produtivas se chocaria com a estreiteza e a mesquinhez das relações de propriedade, colocando-as em tensão e forçando sua transformação em relações de novo tipo, em que a cooperação, e não o conflito, deveria ser predominante. O socialismo seria, desse modo, uma criação direta das contradições do capitalismo. Essa sociedade não desapareceria antes que se desenvolvessem todas as forças produtivas que ela podia comportar. E jamais apareceriam relações de produção novas e mais elevadas antes que as condições materiais para sua existência houvessem brotado no seio da própria sociedade capitalista. Nessas condições, Inglaterra, França, Alemanha e Estados Unidos estavam fadados a vivenciar as primeiras revoluções socialistas.

5

Se Marx previu que a ocorrência do socialismo só viria em estágios avançados do capitalismo, o que fazer quando o proletariado se vê obrigado a fazer a revolução social onde o capitalismo não esteja avançado, como aconteceu na Rússia, China, Cuba e outros países? Durante o século XX, o crescimento das lutas dos operários, camponeses e outras camadas populares de países atrasados, assim como os conflitos de interesse entre camadas burguesas locais e as burguesias imperialistas, abriu um novo horizonte, fazendo com que a possibilidade de revoluções socialistas se transferisse dos países capitalistas avançados para os atrasados. É evidente que essa situação entrava em contradição com as condições materiais exigidas por Marx para o socialismo. Porém, deveriam os socialistas no poder encaminhar até o fim o desenvolvimento das forças produtivas possíveis pelas relações capitalistas de produção ou devolver o poder à burguesia para realizar o pleno desenvolvimento do capitalismo?

6

A história do século XX não seguiu a previsão de Marx, pois as revoluções socialistas tiveram como palco central países atrasados. Outras experiências socialistas haviam sido tentadas, como a de Robert Owen na Inglaterra e a Comuna de Paris em 1871, mas nenhuma delas sobreviveu ao cerco capitalista, nem conquistaram o poder estatal com a tarefa de eliminar o antigo sistema econômico e político para construir um novo. A trajetória do socialismo real não começa na Inglaterra ou na França, mas com a vitória dos bolcheviques na Revolução Russa, em 1917, o que transformou o país, renomeado União Soviética, no primeiro Estado socialista da História. As mudanças sociais e políticas nem sempre esperam que o capitalismo esteja completamente maduro. Por isso mesmo, a construção do socialismo soviético não foi fácil. Embora tenha começado sua caminhada com grandes promessas e esperanças, a situação real colocada em seus primeiros passos foram as brutais dificuldades de um país arrasado pela guerra, sem contar com o apoio do sucesso revolucionário em qualquer país avançado, confrontado com um forte bloqueio econômico de todos os países capitalistas, com uma guerra civil promovida pelas tropas fiéis do antigo regime e por forças militares de treze potências estrangeiras, além de uma forte disputa interna sobre os caminhos a seguir após a tomada do poder político.

7

A experiência soviética passou por diversas etapas. De 1917 até 1921, o foco foi a consolidação do poder comunista, chamado de "comunismo de guerra". Era um programa emergencial para restabelecer a unidade e a defesa nacional, a consolidação do novo aparato estatal voltado para o combate à fome, à miséria e ao desespero que assolava a Rússia. A partir de 1921, os bolcheviques passaram à linha política da NEP (Nova Política Econômica). Com a proposta da NEP, Lênin destacava a situação contraditória de um Estado Socialista que se via obrigado a se apoiar em relações de produção capitalistas e, particularmente, no capitalismo de Estado, para permitir a sobrevivência da revolução. Graças a essa nova política, os camponeses podiam vender seus produtos ao mercado e não somente ao Estado, com a iniciativa privada sendo tolerada em pequenas escalas. Isso levou Lênin a dizer que "a NEP era um capitalismo de Estado, com conteúdo socialista, sob o controle dos trabalhadores". A NEP permitiu um crescimento limitado do comércio e das concessões estrangeiras, ao lado dos setores econômicos nacionalizados e controlados pelo Estado. Também estimulou o crescimento de uma classe de camponeses ricos e de uma burguesia comercial. Para os bolcheviques, tratava-se de um encorajamento das tendências capitalistas, de um recuo estratégico em virtude do atraso da revolução europeia e das condições calamitosas de construção do socialismo na Rússia. Ao promover mecanismos de mercado, propriedade privada, competição e integração na economia capitalista externa, a NEP evidenciou os problemas inerentes à construção do socialismo numa região atrasada, em guerra e onde o capitalismo tinha pouca perspectiva de se desenvolver — Isso para não falar do boicote comercial internacional. Na época, muitos foram os descontentes com o recuo da NEP, apontando que a revolução teria traído seus princípios socialistas. De qualquer forma, trata-se da primeira experiência concreta de "socialismo de mercado", no sentido de ser uma etapa primária do socialismo num país menos desenvolvido.

8

A NEP foi uma curta experiência no socialismo soviético. Em 1928, as empresas comerciais e industriais foram estatizadas independentemente do seu tamanho, e se iniciaram grandes empreendimentos de infraestrutura (transportes, geração de energia, minas etc.) e de bens de capital (máquinas, ferramentas etc.), com os capitais obtidos pela expropriação de milhões de camponeses e pequenos comerciantes. Aquilo que muitas vezes se entende como "modelo socialista soviético" é o modelo pós-NEP, cuja principal marca foi a estatização completa dos meios de produção, com a concentração no Estado de todos os recursos disponíveis e sua alocação de acordo com um planejamento centralizado. Além disso, em vez de aprofundar a reforma agrária democrático-burguesa, o Estado soviético realizou um processo de coletivização forçada como forma de expropriação do campesinato e sua transformação em força de trabalho industrial. No final dos anos 1920, Stalin e os novos dirigentes soviéticos concluíram que as premissas materiais para construir o socialismo já haviam sido criadas e passaram a restringir as concessões aos capitalistas, adotadas pela NEP. Isso ocorreu paralelamente à ascensão do fascismo, ao agravamento da situação internacional e às ameaças de uma nova guerra mundial imperialista. Stalin e muitos outros achavam que o ritmo da NEP não permitiria à União Soviética industrializar-se na rapidez necessária para enfrentar essa ameaça externa. Não haveria a paz necessária para o desenvolvimento de longo prazo da NEP soviética. A explicação de que a União Soviética precisava de tempo para preparar-se contra a invasão alemã não foi suficiente para evitar que Stalin fosse considerado traidor da causa da revolução. Essa situação só mudou, em parte, após a invasão da União Soviética pelas tropas nazistas e após a virada da batalha de Stalingrado, quando os soviéticos passaram da defensiva à ofensiva e os ventos da guerra mudaram definitivamente. Apesar das perdas terríveis, calculadas em mais de 30 milhões de soviéticos mortos durante o conflito, a União Soviética emergiu da guerra como grande potência socialista.

9

No final da Segunda Guerra Mundial, em 1945, o "modelo soviético" chega ao seu apogeu. Forma-se uma URSS com 15 repúblicas soviéticas. No continente europeu: Rússia, Estônia, Letônia, Lituânia, Belarus, Ucrânia, Moldávia, Geórgia, Armênia e Azerbaijão. No continente asiático: parte da Rússia, Cazaquistão, Quirguistão, Uzbequistão, Tadjiquistão e Turcomenistão compuseram o território soviético. Seu apogeu representava não somente a possibilidade de construção de sociedades socialistas em países atrasados e isolados em meio a uma maioria de países capitalistas, mas também a possibilidade de realizar a industrialização acelerada por meio da ação exclusiva do Estado. Todos os países teriam condições de evitar os males da participação do capital no desenvolvimento das forças produtivas. As antigas dúvidas sobre a necessidade ou não de competir no mercado internacional dominado pelo capital, abolir ou não a propriedade privada dos meios de produção, e extinguir ou não a sociedade do trabalho e o mercado, pareciam resolvidas pela curta história de sucesso da União Soviética. À medida que o poder soviético se consolidou e superou a breve experiência da NEP, ingressando num gigantesco processo de industrialização para fazer frente à ameaça de uma nova guerra imperialista, o método de industrialização e construção econômica também passou a ser disseminado como único modelo que poderia ser seguido por todos os países atrasados para construir o socialismo. Além disso, a centralização estatal permitiu uma distribuição mais equitativa da renda e um contingenciamento mais eficaz das desigualdades sociais, em especial por meio do pleno emprego.

10

Nas décadas de 1950 e 1960, ocorreram novas experiências socialistas no Leste Europeu, na China, Coreia, Cuba, em condições históricas e sociais completamente distintas das da URSS. Surgem tentativas de transição ao socialismo no Oriente Médio e na África, como no caso da Argélia, Angola, Moçambique, Camboja, Tanzânia e Etiópia. O processo de expansão mundial do socialismo criou diversas formas e experiências de transição. Seja em virtude das classes sociais formadas historicamente ou porque o capitalismo se desenvolveu de forma desigual em cada um desses povos, o socialismo realmente existente sempre ocorre com características nacionais. Afinal, a força social dos trabalhadores, camponeses e outras camadas populares em diferentes países tem disposições e problemas diferentes e próprios. Por isso, o socialismo se renova cada vez que é capaz de guardar suas características próprias, nacionais. Guardadas as diferenças nacionais, a grande maioria dessas experiências socialistas ocorreu em países atrasados do ponto de vista do desenvolvimento capitalista (incluídas as ciências e as tecnologias, a força e a divisão social do trabalho, e as relações entre os proprietários do capital e os produtores reais), países onde o modo de produção capitalista mal se desenvolvera ou estava muito longe de estar plenamente desenvolvido. Na falta de indicações mais precisas sobre a transição socialista de sociedades atrasadas, algumas revoluções seguiram o modelo soviético por meio da estatização total dos meios de produção, desconsiderando seu atraso do ponto de vista capitalista.

11

Em todo o período após a NEP, era dominante no Partido Comunista Soviético o entendimento de que os países socialistas dispunham de todos os recursos que necessitavam para seu desenvolvimento econômico, não precisando dos países capitalistas para nada. Essa crença isolou a União Soviética não apenas do fluxo internacional de capitais e de comércio, mas também do fluxo de tecnologias de produtos e processos, e da elevação dos padrões de produtividade e competitividade que, num mercado mundial, são determinantes no estabelecimento dos valores das mercadorias e, portanto, dos preços e salários. O isolamento da competição capitalista mundial, em vez de proteger a União Soviética dos efeitos maléficos da ação do capital, representou uma trava poderosa no desenvolvimento de suas forças produtivas. Outras experiências socialistas, mesmo sob a pressão do "modelo soviético" de estatização total, levaram em conta também a experiência da NEP, que unia formas capitalistas com novas formas sociais de propriedade, sendo considerada uma tentativa consistente de resolver o problema da construção do socialismo em países capitalistas atrasados que haviam realizado revoluções.

12

Em 1956, Nikita Krushov publica o "relatório secreto" em que joga sobre Stalin toda a responsabilidade pelos problemas existentes na União Soviética, anunciando um vasto programa de reformas administrativas, econômicas e educacionais. Em 1959—1960, o governo soviético decidiu anunciar um plano para superar a produção industrial e a renda per capita dos Estados Unidos em sete anos, assim como um novo programa de edificação do comunismo. Realizou uma reforma rumo ao processo de descentralização econômica, na qual a execução dos planos passava para as repúblicas. Também foram criadas novas relações comerciais, que aumentaram o acesso da população aos bens de consumo, permitindo uma melhora nos padrões de vida. Krushov defendeu a concorrência com o Ocidente e a coexistência pacífica entre os dois sistemas, mas não contava que os Estados Unidos apostavam na Guerra Fria para cercar e sabotar a URSS, forçando o aumento dos gastos militares e do desequilíbrio econômico. Isso incluía a rápida recuperação econômica da Europa Ocidental e do Japão, o auxílio econômico e militar a todos os países que se dispusessem a participar da cruzada anticomunista, a intervenção militar onde fosse necessário e a ameaça do uso de armas nucleares, cuja tecnologia era monopolizada pelos norte-americanos. O plano de Krushov sofreu um duro golpe com a crise agrícola de 1962 e 1963, obrigando a União Soviética a se transformar de exportadora de trigo em importadora, especialmente do Canadá e da Austrália. Com isso, aumentaram os desequilíbrios entre os diversos departamentos econômicos e, em especial, entre a indústria pesada, a indústria de bens de consumo e a agricultura. Após a cisão sino-soviética em 1960, a União Soviética e a República Popular da China alegaram ser as verdadeiras herdeiras intelectuais do marxismo-leninismo, e os chineses foram especialmente críticos da liderança pós-Stalin na URSS, começando com Nikita Krushov. Nos governos posteriores de Leonid Brejnev (1964-1982), Yuri Andropov (1982-1984) e Konstantin Chernenko (1984-1985), a URSS ingressou num processo crescente de estagnação, impossibilitando-a de consolidar as condições para a efetiva construção socialista. Como uma experiência sitiada, o capitalismo dominante, encabeçado pela OTAN, apostava que o socialismo da URSS não conseguiria se sustentar por meio de sua economia, produzindo escassez e ineficiência. Nos anos 1970, já se apresentavam sinais das dificuldades de desenvolver suas forças produtivas. Mesmo assim, a URSS tinha que manter a guerra econômica, militar e tecnológica contra os EUA, sem a possibilidade de uma reforma gradual e lenta capaz de se desenvolver com novas formas de propriedade e de comércio exterior. Diante do impasse com a URSS, os Estados Unidos aumentaram a aposta, elevando seus gastos militares e isolando ainda mais o socialismo soviético. Assim, apesar de todas as reformas anunciadas e, supostamente, voltadas para superar os problemas da época de Stalin, o sistema de planejamento centralizado continuava o mesmo, assim como permanecia inalterada a total prioridade à indústria pesada, como suporte da indústria bélica. Mesmo as experiências conturbadas de abertura para o mercado na Hungria e na Iugoslávia, na década de 1970, não conseguiram levar adiante a renovação do sistema. Na década de 1980, ficou claro que havia um atraso tecnológico em todos os segmentos, resultado de anos de práticas em que as empresas estatais não sofriam concorrência do capital privado. O monopólio estatal criou uma situação economicamente insustentável. No plano externo, a crise converge com sua maior derrota militar na Guerra do Afeganistão (1979-1989), uma guerra demasiadamente longa e cara para a URSS. Os cidadãos soviéticos tornaram-se descontentes com a guerra, que se arrastou sem sucesso. Logo após a derrocada soviética no Afeganistão, a sustentação do socialismo soviético tornou-se inviável. Nos anos 1980, a apresentação e execução dos planos de abertura política (*Glasnost*) e reforma econômica (*Perestroika*) apenas apressaram a falência da União Soviética, no início dos anos 1990. A escassez de bens — inclusive alimentos — tornou-se o principal foco do crescente descontentamento social, ao mesmo tempo em que o sistema soviético apresentava crescentes sinais de fadiga e fraturas, com o surgimento de máfias que traficavam os bens escassos e às quais estavam ligados dirigentes de empresas estatais, do Estado e do partido comunista. Com uma estagnação crônica, a legitimidade do Partido Comunista foi se perdendo rapidamente, até o fim do bloco socialista das repúblicas soviéticas, em 1991, culminando na fragmentação política do país.

13

Em 1989, Francis Fukuyama publicou o artigo intitulado "O Fim da História?", "sobre o declínio do comunismo e o triunfo do Ocidente. O esgotamento da experiência soviética seria o esgotamento do próprio socialismo como alternativa ao capitalismo. O capitalismo liderado pelos EUA venceu, e o socialismo liderado pela URSS perdeu. O capitalismo liberal passaria a ser inexorável. Sem a estrela-guia soviética, as experiências socialistas estariam fadadas ao fracasso. Os desdobramentos imediatos da crise soviética pareciam atestar essa tese. Tudo apontava para que o efeito em cadeia fosse completo. Entre 1989 e 1992 deixou de existir a grande maioria dos estados que se denominaram socialistas no mundo. A República Popular Polonesa voltou ao multipartidismo multipartidarismo e ao capitalismo de mercado em 1990. A República Democrática Alemã foi absorvida pela República Federal Alemã. Os conflitos nacionalistas acabaram com a República Socialista

Federal da Iugoslávia. Com a queda das repúblicas sociais da URSS, outros países socialistas também mudaram de regime. Em 1990, abandonaram o marxismo-leninismo a Argélia (república socialista apoiada pelos soviéticos desde 1962), Benin (que era Estado Socialista desde 1975), Moçambique (que desde 1975 havia adotado o governo socialista). Em 1991, o mesmo aconteceu no Congo (que teve um estado socialista desde 1970, sob o governo do Partido Trabalhista congolês), Guiné-Bissau (que seguia o modelo soviético desde 1974), Etiópia, Somália e Mali. Em 1992, a Mongólia abandonou a República Popular, criada em 1924. Ainda em 1992, Angola passou por reformas. Com a derrocada da "nave-mãe", era apenas uma questão de tempo para que os governos socialistas "satélites" seguissem o mesmo caminho. E, para os socialistas no resto do mundo, o recado estava dado: era melhor nem tentar mais, porque seu fracasso seria inevitável. Busquem outro caminho dentro do capitalismo liberal, porque o socialismo real acabou.

14

Em 1989, talvez Fukuyama estivesse certo ao apontar o colapso inevitável de experiências socialistas que buscam estatizar completamente a economia por longo prazo, mas não percebeu que as promessas do capitalismo liberal não estão conseguindo se manter em pé. Trinta anos depois, em entrevista de 2019, o próprio Fukuyama reconhece que "os Estados Unidos, a Grã-Bretanha e outros países ocidentais passaram por esse período do que às vezes é chamado de neoliberalismo, em que os indivíduos são elevados, realmente colocados acima do estado, e o estado é considerado uma fonte de ineficiência e tirania potencial contra indivíduos. E acho que isso foi simplesmente levado longe demais, então acho que uma das coisas que vai acontecer é que, na maioria dos países ocidentais, o neoliberalismo, nesse sentido, morreu, e as pessoas vão voltar a um tipo diferente de liberalismo em que acreditavam nas décadas de 1930 e 1940. Queremos proteger os direitos individuais, mas o estado tem um papel importante na proteção das pessoas e na criação de proteções sociais, na criação de sistemas de saúde e pensões e outras coisas desse tipo". E, pelo menos desde 2016, Fukuyama vem apontando que a China é provavelmente a única alternativa realmente plausível ao estilo de democracia liberal ocidental. A China, conforme Fukuyama, concluiu um período prolongado de crescimento econômico sem precedentes, baseado principalmente na ampla mobilização de mãodeobra e manufatura para exportação, incorporação de tecnologias e novas formas administrativas, e está mudando para um período mais fortemente baseado em serviços, demanda interna e aumento da produtividade. Em outra entrevista de 2019, Fukuyama apontou que, se Pequim conseguir controlar as tensões sociais e manter a estabilidade econômica, a China pode se apresentar como um sistema superior ao capitalismo ocidental, economicamente recessivo e politicamente imerso numa severa crise democrática, com o aumento do populismo de direita, exemplificado pela eleição de Donald Trump como presidente dos Estados Unidos, o Brexit no Reino Unido, partidos populistas na Europa e Bolsonaro no Brasil.

15

O que passou despercebido na visão do "fim da história" em 1989 — que inclusive conquistou diversos setores da esquerda ocidental — é que outras formas de socialismo, diferentes daquela praticada na União Soviética, apesar de ainda prematuras, já estavam em marcha na China, Vietnã e Laos. Um novo modo de produção (econômico, político, cultural e social) já estava em gestação. Quando acabou a URSS, em 1991, o Partido Comunista da China já estava implementando, por mais de uma década, profundas reformas econômicas e institucionais, num ambiente de abertura e reforma. Esse caminho das reformas da China influenciou o Vietnã e o Laos, que passaram a adotar políticas semelhantes a partir de 1986. Ainda durante a década de 1980, a China passou a ser reconhecida por estar se integrando ao capitalismo, com maior inserção nas cadeias produtivas internacionais, zonas industriais para exportação que passaram a beneficiar a acumulação de capital estrangeiro excedente, obtendo altas e consistentes taxas de crescimento. Assim, quando a onda pelo fim do socialismo também apareceu na China, especialmente nos incidentes da Praça Tiananmen, em 1989, a ação do partido para manter o sistema socialista teve legitimidade pelos resultados que estavam sendo alcançados pelo processo de reformas de mercado. Após um período de turbulência e maior instabilidade entre 1988 e 1992, a China manteve firmemente seu processo de desenvolvimento ancorado no socialismo de mercado, fazendo gradualmente reformas visando à melhor organização das forças produtivas, especialmente as estatais, o sistema financeiro e o de defesa nacional. Manteve seu crescimento em nível quantitativo e acelerado, vislumbrando as metas definidas para o fim do século. Enquanto isso, Fukuyama e muitos outros torciam para que as reformas dessem errado (colapso iminente) ou que levassem à reconversão total ao capitalismo. Dos outros dois países remanescentes do socialismo real, a Coreia do Norte se manteve na linha soviética diante do persistente impasse militar com a Coreia do Sul e o Japão. E Cuba iniciou reformas, mas o estrangulamento e o bloqueio liderado pelos EUA se tornaram ainda mais acirrados, dificultando ao máximo qualquer processo de abertura. Mesmo assim, com a manutenção do socialismo de mercado na China, Vietnã e Laos, após o fim da URSS, o esperado "fim da história", na realidade, não aconteceu.

16

Diante deste novo cenário global, ainda devoto das virtudes do capitalismo liberal, Fukuyama aponta sua crítica ao sistema político chinês. Em entrevista de 2019, diz que "o problema na China é realmente causado por excessiva autoridade estatal, que muitas vezes leva a tiranias, a resultados muito ruins. Nesse sentido, é possível respeitar a China pelas coisas que ela faz bem, mas também é muito importante ser crítico da China quando ela ultrapassa as fronteiras do que considero um regime bom e equilibrado". Este prognóstico deve levar Fukuyama novamente ao erro. Em primeiro lugar, por que o Estado Socialista deveria recuar de seu poder em implementar reformas se está sendo bem -sucedido? Por que um sistema multipartidário e de eleições livres asseguraria à China a continuidade do processo de reformas? O Socialismo de Mercado é uma nova formação econômico-político-social baseada nas formulações de Deng Xiaoping. Não foi a economia liberal que transformou a China numa potência global, mas o socialismo com uma economia mista, em que concorrem e cooperam — sob a mediação do Estado liderado pelo Partido Comunista — diferentes formas e relações de propriedade. Seu socialismo realista incorpora o capitalismo como força produtiva, mantendo o Estado na vanguarda da construção econômica com a propriedade social paralelamente à propriedade privada. Neste modo de produção de transição ao socialismo, cooperam e concorrem formas e relações de propriedade capitalista com formas e relações de propriedade social e estatal, assim como formas de propriedade coletiva, mista e estatal entre si. Tudo de modo a evitar a burocratização, criar uma governança mais eficiente e legítima no país, desenvolver as forças produtivas e preparar as condições objetivas para extinguir a propriedade privada quando o desenvolvimento das forças produtivas puder atender a todas as necessidades sociais. Quem garante esse macroarranjo são os sistemas políticos adotados pelo Partido Comunista Chinês, com sua rigorosa formação de quadros com base no centralismo democrático, no marxismo e no socialismo.

17

Fukuyama também enfatiza: "não acho que o modelo da China possa ser facilmente exportado para outros países que não têm as tradições culturais da China. As tradições mais antigas da China têm a ver com meritocracia, com educação, com uma burocracia que é escolhida com base no mérito, e é uma forma de governo muito autodisciplinada, da qual o Partido Comunista tem uma versão. E eu acho que é extremamente difícil estabelecer esse tipo de modelo em países que não têm as tradições confucionistas que a China tem. Se você levar isso para a América Latina ou para a África Subsaariana, onde realmente não há tradição de estado comparável à da China, isso apenas se torna uma desculpa para um tipo de governo autoritário desagradável e ineficaz." É verdade que um "modelo chinês" não é exportável. Nenhum país tem a população e a história da China. O confucionismo é integrado à prática do socialismo chinês, sem contar outras características específicas que criam uma singular sinergia, mas é pura especulação afirmar que o socialismo de mercado não possa ser aplicado em qualquer país, independentemente de suas características históricas e culturais. O socialismo de mercado ganhou espaço na Ásia com a condução política do socialismo no Vietnã e no Laos a partir de 1986. O Laos funde marxismo com budismo. E o socialismo de mercado também vem sendo adaptado às condições nacionais em Cuba e na Namíbia.

18

Apesar da breve experiência da NEP na Rússia durante a década de 1920 e das tentativas de introduzir o mercado no sistema soviético, especialmente na Hungria e na Iugoslávia durante os anos 1970, foi com as experiências socialistas na China e no Vietnã que o "socialismo de mercado" vem ganhando mais força e melhor forma, com a duração histórica necessária para romper o subdesenvolvimento, combinando o modo de produção camponês e o modo de produção socialista com o modo de produção capitalista, num tipo de economia denominada "socialismo de mercado". O mundo de paz e prosperidade prometido pela propaganda capitalista, especialmente após o fim da URSS e do socialismo do Leste Europeu, vem se transformando rapidamente não só num mundo cínico e perigoso, mas também de desemprego, pobreza e desesperança nos países que antes se arrogavam os centros desenvolvidos e ricos do planeta. Enquanto isso, a experiência da China — e também do Vietnã e do Laos — nas últimas décadas demonstra que, para desenvolver as forças produtivas com estabilidade política, o sistema socialista possui aspectos realmente superiores ao capitalismo ocidental dominante.

19

Algumas vezes, o socialismo é apresentado como algo ultrapassado e com pouca relevância na história, mas o marxismo, o comunismo e o socialismo não podem ser banidos enquanto o capitalismo existir. Por isso, aqueles que têm medo de perder seus privilégios econômicos e políticos no sistema capitalista procuram desacreditar o socialismo, pois sabem que é o movimento que pode subordinar os interesses privados às grandes necessidades do povo. Não é à toa que os capitalistas desencadeiam permanentemente uma ofensiva política e ideológica no sentido de consolidar a sua hegemonia sobre o povo com o objetivo de banir as ideias e práticas socialistas. No caso da China, isso é evidente. Difícil imaginar um país que tenha sua realidade tão deturpada quanto a China. Apesar da propaganda, a China vem promovendo, segundo alguns estudiosos, a "maior transformação econômica dos últimos 250 anos" da história mundial, com relativo sucesso no que tange à melhora das condições de vida da população. A novidade desse modo de produção emergente é sua capacidade de contribuir para o desenvolvimento das forças produtivas e se subordinar a um processo de constante redistribuição de renda, de presença da sociedade e do Estado na economia, por meio de empresas de propriedade cooperativa, pública, estatal e mista. Em vez de adotar a cartilha neoliberal, a China modernizou e reforçou suas empresas estatais. Manteve o monopólio sobre os ramos econômicos estratégicos (financeiro, petróleo, energia etc.), mas com a novidade de colocar as diversas estatais em concorrência, evitando a burocratização e promovendo o desenvolvimento científico. As estatais também concorrem com as empresas privadas, obrigando-as a elevar a produtividade, baixar custos e preços. A China também aproveitou os excedentes de capitais dos países em desenvolvimento com programas específicos e controlados para atrair investimentos diretos e plantas industriais, de modo a superar as lacunas de suas cadeias produtivas e introduzir tecnologias avançadas em suas empresas estatais. Com as estatais concorrendo entre si e com o mercado para desenvolver a produtividade, ficou bem mais fácil encontrar soluções combinando propriedades sociais e propriedades privadas, algo extremamente complexo em países capitalistas pouco desenvolvidos. Esse caminho vem se consolidando pelo rápido crescimento industrial e agrícola e pelo aumento da geração de riqueza, o que permite uma redistribuição constante da renda, embora com desigualdade. A renda das camadas mais pobres está sendo elevada, de modo a tornar o mercado doméstico o principal foco da produção industrial, e os serviços públicos estão em processo de universalização. O socialismo de mercado, mais bem expressado pela experiência chinesa atual, não é uma ideia abstrata, mas ação mobilizadora social de milhões de pessoas sob a liderança do Partido Comunista, com o objetivo de desenvolver as forças produtivas e populares, enfrentar as contradições do capitalismo e substituí-lo por uma nova formação social. É claro que não se trata de um sistema perfeito e imune a defeitos, retrocessos e derrotas, mas um sistema que mantém o Estado Socialista com uma mistura de vários sistemas econômicos, em que os meios de produção básicos são de propriedade estatal e/ou cooperativa, sendo operados de forma socialmente integrada como uma economia de mercado. Os lucros gerados por empresas estatais são alocados para a remuneração direta dos empregados ou acumulados em uma forma de financiamento público. A nação se desenvolve de forma acelerada, rompendo as amarras do subdesenvolvimento. Diante de tantas transformações, tendo como núcleo a China, estaria emergindo um novo modo de produção socialista de mercado superior ao capitalismo em crise crônica?

20

É verdade que, com o fim da URSS e a desintegração do campo socialista, a presença de China, Vietnã e Laos não consegue construir um contrapeso efetivo às tendências mais destrutivas do capitalismo. Mas é verdade também que esses países mantêm o socialismo (com mercado) como uma grande marcha de desenvolvimento, que está produzindo, especialmente depois da crise de 2008 e da crise do coronavírus desde 2020, impactos profundos no capitalismo liberal-keynesiano ocidental. Ainda existe um longo caminho para o processo de desenvolvimento socialista com mercado nesses países. porém, pode ser que um socialismo que conjugue desenvolvimento nacional com estabilidade política e crescimento econômico — como o socialismo de mercado — venha a despontar, durante o século XXI, como um sistema social mais dinâmico, eficaz e justo que o capitalismo. E, assim, a teoria do fracasso comunista se transforma em fracasso neoliberal. Mas esse processo ainda deve durar muitas décadas.

QUATRO VISÕES BRASILEIRAS PARA ENTENDER A ECONOMIA CHINESA

Não são muitos os que se arriscam a compreender o fenômeno do socialismo de mercado na China. A maioria prefere seguir o discurso teleguiado contra a China, cheio de preconceitos e mentiras. Estranha-se muito que, apesar da posição da China no mundo hoje, no Brasil ainda se entenda a China como um país exótico e que deve ser evitado de toda forma. Os jornais apenas destacam notícias esdrúxulas e costumam fazer análises sobre a "crise na China" ou destacar que se trata de uma "ditadura", certamente sem nada a acrescentar. A propaganda anticomunista reforça ideias de que se trata de um país que mistura capitalismo selvagem, ditadura e escravismo, numa mescla do que de pior existiria. Qualquer um que fale sobre a China precisa sempre repetir esses mantras como uma verdade absoluta.

Essa cegueira ideológica leva a uma situação em que o desconhecimento é tão elevado que ninguém sabe como a China se tornou uma potência mundial, ao mesmo tempo em que o Brasil vive uma decomposição econômica, política e social. É como se uma força da natureza levasse a China a se tornar o maior país manufatureiro do mundo, num contexto em que, dos 500 principais produtos industriais do mundo, a produção chinesa de mais de 220 deles ocupa o primeiro lugar. Do ponto de vista do desenvolvimento científico e tecnológico, a China se tornou o país com o maior número de pedidos de patentes do mundo em 2011 e manteve essa posição até agora, em uma tendência de expansão contínua, com os Estados Unidos em segundo lugar. Será que tudo isso é por conta do "livre mercado neoliberal"?

Nesta situação inusitada, podemos destacar quatro pesquisadores brasileiros que apresentam uma contribuição importante na elaboração sobre a China.

Theotonio dos Santos, num artigo chamado "O consenso de Pequim", de 2005, apontou importantes fundamentos e perspectivas da economia chinesa, que vinha crescendo mais de 9% por mais de 20 anos. Conforme Theotonio, o crescimento chinês,

> ao contrário de produzir pressões inflacionárias, diminuiu drasticamente o preço dos produtos industriais e de muitos serviços no mundo. E, apesar de ter produzido uma pressão no preço das *commodities*, ao aumentar a demanda, esse fenômeno não conseguiu gerar uma pressão inflacionária mundial. Pelo contrário, o mundo vive, nos últimos anos (desde a década de 90), uma forte deflação mundial. [...] O êxito chinês coloca sua economia e sua sociedade em um novo nível. Por sua dimensão e por sua importância demográfica e histórica, a China não é uma pequena "ameaça" de competição na economia mundial. Sua experiência econômica é um novo modelo? Cada país tem sua especificidade institucional, cultural e socioeconômica da qual deve partir para propor o desenvolvimento. Mas não há dúvida de que mais igualdade social, mais democracia e mais utilização do Estado como unificador de políticas de crescimento e desenvolvimento de recursos humanos podem ser definidos como as bases deste novo consenso. Uma macroeconomia do crescimento, com juros baixos, moeda relativamente desvalorizada para

> aproveitar a expansão do mercado mundial, políticas públicas austeras em seus gastos administrativos, mas generosas em seus gastos produtivos, deve servir de referência para este novo consenso. Uma economia política, micro e macro, fundada numa visão institucional e social da economia, será outro elemento-chave desse consenso.

A partir de 2006, o economista Antônio Barros de Castro passou a ter um olhar atento em relação à China. Ele considerava que o desenvolvimento do país asiático alterou radicalmente a economia mundial. dizia: "existe na China uma lógica econômica que não se dá por acidente". Segundo o professor, é ingênuo pensar que as empresas chinesas são competitivas apenas porque pagam salários baixos. Pelo contrário, há toda uma estratégia em torno do baixo custo. Segundo ele, os chineses não se preocupam em usar o estado da arte da tecnologia, mas buscam unir soluções que garantam eficiência e competitividade. Castro sempre destacava o papel crucial dos "dragõezinhos" na economia chinesa, a nova geração de empresas chinesas que combinam alta tecnologia com processos de produção tayloristas, que seriam os principais agentes de deflação mundial. Essas empresas "dragões multinacionais" são estatais, cooperativas, privadas e mistas. Por mais que, na década de 1990, essas empresas fossem conhecidas por vender bens baratos que tomaram conta do mercado mundial, elas se desenvolveram rapidamente ao se tornarem mais competitivas e se voltarem para novas tecnologias. O que começou como a estratégia das grandes empresas chinesas, com a compra de tecnologia, fazendo *joint ventures*, adquirindo participações minoritárias no exterior, passou a desenvolver empresas que inovam na forma de produzir e vão tirando espaço e até comprando empresas do Hemisfério Norte.

> Tome qualquer lista das principais companhias chinesas e, por mais que elas se distribuam por setores diferentes e tenham

estratégias distintas, será fácil encontrar um fator comum ao seu sucesso internacional. Essas empresas têm se destacado graças a um diferencial competitivo devastador: a capacidade de vender por preços "chineses", ou seja, incompreensivelmente reduzidos. Não raro, um terço ou um quarto do preço universal de um produto. Há 20 anos, o fenômeno estava restrito a quinquilharias de baixa qualidade. Na última década, passou a incluir de computadores a pianos; de bens de capital a motocicletas. Agora, vale também para automóveis. Existe um mistério por trás do preço chinês. A resposta está, de início, numa abordagem diferente do uso da mão de obra barata. Empresas ocidentais que levaram suas linhas de produção para a China, dispostas a replicar o milagre do baixo preço, só conseguiram resultados parciais. Por quê? Porque, na maioria dos casos, utilizam a força de trabalho de baixo custo apenas no chamado chão de fábrica. Enquanto a típica multinacional chinesa se vale dela em todas as etapas, inclusive na engenharia.

Outro diferencial é tecnológico, mas não no sentido trivial. A empresa chinesa usa a última tecnologia disponível em seu setor, mas também a penúltima, a antepenúltima e até a primitiva, o que exige muita engenharia. Nenhuma empresa ocidental combina tecnologias assim. Isso explica por que os chineses conseguem dar sucessivos tombos nos custos e aumentar a diversidade dos produtos oferecidos. Como, na maioria dos casos, são parcialmente estatais, muitas das multinacionais chinesas usam o acervo dos institutos públicos de tecnologia com a maior liberdade. O caso clássico é o da antiga Legend, fabricante de computadores que nasceu dentro da Academia Chinesa de Ciência, e deu origem à Lenovo. Os cientistas transitavam de um lado para o outro com a maior desinibição. Muitas inovações de institutos estatais chineses — às vezes ligados ao complexo militar, quase sempre engajados em trocas de experiência e tecnologia com centros de pesquisa do Ocidente — são repassadas às empresas por valores que nada têm a ver com os custos de mercado. Outra vantagem que as empresas chinesas têm é a conexão íntima que existe entre elas. A lógica econômica dos distritos industriais ou "clusterização", na China, foi levada ao limite. Os *clusters* se espalham ao longo do Delta do Rio das Pérolas, região que engloba Hong Kong, Macau e parte da província de Guangdong. Para ficar em três exemplos, há em Leilu o *cluster* de bicicletas; em Huizhou, o *cluster* de DVDs; e, mais importante, em Dongguan, o cluster de computadores. Toda

> a cadeia de fornecedores dessas indústrias está reunida nesses polos. São clusters com mais de mil empresas cada um. E há forte intercâmbio entre elas. É um sistema radicalmente diferente do *just in time*, com componentes chegando de todas as partes do mundo. Nos distritos chineses, cada empresa faz um pedacinho do produto final, mas todas trabalham lado a lado, pensando no produto final. Esse fator, isoladamente, já garante bicicletas, computadores e DVDs de 10% a 20% mais baratos. Hoje está claro que o grande diferencial chinês provém não da criação de tecnologias, mas da capacidade de barateá-las drasticamente. Quando um fabricante chinês consegue reduzir o preço de um aparelho de DVD de 300 para 30 dólares, ele passa a ser capaz de vendê-lo não só na China, mas também na África, na América Latina e no restante da Ásia. Uma das características da internacionalização chinesa foi transformar nichos em mercados de massa, vendendo produtos supostamente para públicos segmentados por uma fração do preço universal.

Castro acreditava que, na medida em que o modelo chinês de produção tem êxito, ele se propaga para o mundo. Estamos caminhando para um "sistema mundial sinocêntrico" do qual derivam demandas e ofertas radicalmente diferentes. "A China está criando soluções que vão se tornar universais. Está fazendo hoje o que os Estados Unidos fizeram na virada do século 19 para o século 20".

Elias Jabbour é um dos principais especialistas em China no Brasil hoje. Ele vem desenvolvendo uma importante contribuição no debate e nas formulações sobre a economia política chinesa. Jabbour aponta que o modo de produção socialista dominante na China possui uma "capacidade do Estado [de] atuar na economia quantitativamente maior e qualitativamente superior do que o verificado no capitalismo". O aumento da produtividade das estatais foi acompanhado pela maior coordenação estatal. Elias aponta que a crise financeira asiática de 1997 acelerou a implantação de novos marcos institucionais que se completariam com a formação, em 2002, da State-Owned Assets Supervision and Administration Commission (SASAC).

> Ao lado de um grande pacote fiscal transformado no Programa de Desenvolvimento do Grande Oeste (1999), ocorreu um intenso processo de fusões e aquisições no setor estatal da economia, levando à formação de 149 conglomerados empresariais localizados nos setores-chave da economia, tornando-se o chamado "núcleo duro" da economia chinesa. Um novo e centralizado "grande capital estatizado" emerge desde então. As empresas desse grupo — apesar de sua drástica redução — tornaram-se mais importantes, mais intensivas em capital e tecnologia e mais lucrativas em relação ao setor privado. Não é exagero afirmar que a combinação entre coordenação do investimento (SASAC) e um sistema estatal de intermediação financeira levou a um patamar superior a atuação estatal. A formação da SASAC como elemento fundamental de coordenação estatal sobre o investimento remete a outra questão que se coloca na análise de experiências de intervenção massiva do Estado sobre o ciclo econômico: trata-se da existência, ou não, de "policy space" para políticas de socialização do investimento em um ambiente de economia globalizada e financeirizada. Nesse sentido, sobre o caso da China, percebe-se que a reorganização contínua de atividades entre os setores estatal e privado não prescindiria do próprio controle do Estado não somente sobre o núcleo duro da finança e do sistema produtivo, mas também sobre os mecanismos fundamentais do processo de acumulação, como as taxas de juros e câmbio — além do necessário isolamento da política monetária dos humores da economia internacional, via controle sobre o fluxo de capitais. A instalação das ZEE e a mudança das condicionantes macroeconômicas da economia japonesa, a partir de 1985, beneficiaram sobremaneira a estratégia chinesa de internalizar tecnologias via investimentos estrangeiros diretos (IED), ao lado de uma política agressiva de exportações. A "socialização do investimento" e seus mecanismos seriam a expressão máxima de um processo de construção de instituições capazes de refletir, ao longo do tempo, a estratégia do país.

Elias aponta que esse diferencial de produtividade entre empresas estatais, *township and village enterprises* (TVE), empresas de capital misto etc. pode guardar respostas no surgimento de um "novo modelo" na China, mais voltado para o desenvolvimento da fronteira tecnológica, com projetos como o Made in China e mais de uma centena de bilhões de dólares na chamada inteligência artificial, plataforma 5G e no Big Data. Esses aparatos suportarão as novas e superiores formas de planificação.

Jabbour afirma que um novo modo de produção está surgindo na China, com muitas similaridades com a "Nova Economia do Projetamento" proposta por Ignácio Rangel, para designar o modo de produção que surgia da fusão entre a economia monetária, o keynesianismo e a planificação soviética. Trata-se da plena integração entre produção, distribuição, circulação, oferta, demanda e dados financeiros. Afora a rápida mudança na divisão social do trabalho, com o encaminhamento planificado do campo com a cidade[2].

> A China se encaixa como a primeira experiência de uma nova classe de formações econômico-sociais — o "socialismo de mercado". Na verdade, ao permitir o surgimento e o florescimento de um nada pequeno setor privado e, de outro, reformas institucionais aceleradas desde a segunda metade da década de 1990, isso levou ao surgimento tanto de um ambiente propício ao que Keynes chamou de "socialização do investimento" quanto de cerca de 100 grandes conglomerados empresariais estatais e um robusto e capilarizado sistema financeiro também estatal como o núcleo duro, ao lado do poder político de novo tipo exercido pelo Partido Comunista da China, do "socialismo de mercado". A implicação política de todo esse processo é que o capitalismo ocidental se vê diante de um concorrente estratégico nada modesto e pronto a se tornar o centro dinâmico da economia internacional. Em grande medida, a humanidade, nas próximas décadas, terá à sua disposição a alternativa que vem da China e o caos em que o Ocidente está envolvido.

Jabbour entende que uma das principais características desta nova formação econômico-social é a imensa capacidade de coordenação do Estado para colocar suas dezenas de conglomerados e sistema financeiro a executar imensas obras de infraestrutura, podendo ser caracterizada pela coexistência, em uma mesma formação econômico-social, de modos de produção distintos. Na China , existe um setor estatal na economia que é o dominante e único capaz de irradiar efeitos de encadeamento para toda a economia chinesa, inclusive ao setor privado. A agricultura está em processo de transição de modo de produção, em que a "pequena produção mercantil" está dando lugar a formas superiores de propriedades não capitalistas. O Partido Comunista, além de exercer o poder político, espalha seu poder sobre toda a economia não somente através de empresas públicas, mas também com os comitês de fábrica que se capilarizaram e passaram a ter voz, inclusive no setor privado, em um processo que se acelera desde 2012. É muito complicado falar na existência de um "socialismo puro", porém a China certamente é a forma de engenharia social mais avançada que existe no mundo, mais distante de um capitalismo, seja liberal ou de Estado, e mais próxima de formas socializantes, o que não encerra as imensas contradições existentes por lá. ao contrário: são as contradições o principal motor das transformações do país. Interessante notar que o setor público na China detinha o controle de 77% das forças produtivas no país em 1978, e hoje diminuiu para 30%. Porém, a capacidade de realização do Estado é muito maior. Assim, há novas e superiores formas de planificação sendo gestadas e executadas em larga escala na China.

> A partir de 1978, a China fez sucessivas alterações em seu modo de produção, conformando o que hoje é a economia socialista de mercado: Planejamento global amplo, produção de mercadorias respeitando a lei do valor, propriedade estatal da terra, controle da política monetária e da de investimentos, remuneração segundo o trabalho, ter por objetivo central o desenvolvimento das forças produtivas, ampliar a democracia, reforçar o sistema legal socialista, descentralizar e, finalmente, promover a coexistência de diferentes formas de propriedade sob a égide da propriedade social. tais são, em grandes

linhas, algumas das características da economia socialista de mercado que se desenvolve na China. Ditas características ultrapassaram a planificação ultracentralizada, de inspiração soviética, a uniformidade distributiva que mirava o "igualitarismo", a estatização total dos meios de produção e a exacerbação da burocracia.

Wladimir Pomar, autor de diversos livros sobre China, aponta que a experiência, até agora exitosa na China e no Vietnã, demonstra que o socialismo de mercado é um poderoso vetor de crescimento econômico e social, cujos paradigmas podem ser utilizados por qualquer país para seu desenvolvimento. Em recente artigo chamado "O caminho chinês", Pomar aponta que:

> a China, a partir do final dos anos 1970, foi levada a ingressar no chamado *socialismo de mercado*, combinando e confrontando a propriedade estatal e a propriedade privada, orientação estatal e disputa de mercado, trabalho assalariado e trabalho cooperativo. Para facilitar — e também para complicar — isso ocorreu paralelamente às reformas estruturais no capitalismo desenvolvido, caracterizadas, em grande medida, por investimentos externos em países com mão de obra mais barata, investimentos que incluíam a transferência de plantas industriais, inteiras ou segmentadas, para tais países. Tal processo deu surgimento ao que foi chamado de "globalização" capitalista. Para aproveitar-se dessa reestruturação do capitalismo desenvolvido e intensificar a recepção desse tipo de investimento externo, após realizar uma reforma agrícola que privilegiou as unidades familiares camponesas, a China criou inúmeras Zonas Econômicas Especiais, onde os investidores estrangeiros podiam investir, desde que se associassem a empresas chinesas — inclusive estatais — e transferissem a elas novas ou altas tecnologias. Ao mesmo tempo, a China modificou seu antigo sistema de trabalho 3 por 1 (três trabalhadores por posto de trabalho, como forma de reduzir o desemprego, mas de baixa produtividade) e incentivou e financiou os trabalhadores dispostos a elaborar e a levar adiante projetos industriais privados, financiados por bancos estatais. Com isso, reconstituiu a burguesia nacional para intensificar a disputa no mercado com as empresas estrangeiras e as estatais.

> De qualquer modo, a concorrência e as contradições entre a propriedade estatal e a propriedade privada fazem parte do cotidiano das experiências e contradições que permeiam o socialismo de mercado.

A questão de fundo é que, durante os anos do período de transição na China, consolidou-se o mais progressista entre todos os modos de produção que até então existiram na história — *o modo de produção socialista de mercado*. A China promoveu ativamente a reforma do sistema de economia de mercado socialista, que tornou o desenvolvimento da China próspero, sua força nacional geral continuou a aumentar e seu *status* no mundo tem melhorado continuamente. A produção socialista se desenvolve de modo planificado e ininterrupto, à base de uma técnica avançada, sendo que a firme elevação do bem-estar das massas constitui estímulo para a ampliação da produção e garantia contra as crises de superprodução e o desemprego.

Essas interpretações brasileiras do socialismo chinês apontam para o desenvolvimento de um novo modo de produção na China, um sistema socioeconômico de novo tipo. A maior diferença entre elas é que dão mais peso para um ou outro aspecto da realidade chinesa. Destaca-se sua estratégia geral socializante, com aumento da competitividade, buscando solucionar problemas concretos para a industrialização, explorando contradições do capitalismo para desenvolver forças produtivas, como afirmava Theotonio dos Santos. O papel dos "dragõezinhos" na dinamização da economia chinesa, liberando o Estado para reformar as estatais que passaram a liderar o processo de desenvolvimento tecnológico, como destacava Barros de Castro. Também a capacidade da China em coordenar planejamento e política monetária, o importante papel das estatais na ponta do desenvolvimento tecnológico e de gestão, das formas coletivas nãoestatais e das estratégias de captação de capital externo como vetores econômicos apontados por Jabbour e Pomar. Em meio a tantas distorções e ideologias, são interpretações que merecem atenção de todos que procuram compreender a experiência chinesa.

REFERÊNCIAS

CASTRO. A. O enigma chines. 2011. http://epocanegocios.globo.com/Revista/Epocanegocios/0,,EDR84198-8374,00.html

CASTRO, A. No espelho da China. Rio de Janeiro, Instituto de Pesquisa Econômica Aplicada, 2008.

JABBOUR, E. Sobre a China e o "socialismo de mercado" como uma nova formação econômico-social. 2020. https://doi.org/10.1590/0103-6351/5544.

JABBOUR, E; GABRIELE, A. China: o socialismo do século XXI. São Paulo, Boitempo, 2021.

POMAR, W. O caminho chinês. 2020. https://teoriaedebate.org.br/2020/04/21/o-caminho-chines/

SANTOS, T. O consenso de Pequim. 2011. Disponível em https://waltersorrentino.com.br/2011/09/08/consenso-de-pequim-theotonio-dos-santos/

PARA EXAMINAR A ALTERNATIVA DO SOCIALISMO COM MERCADO

O economista polonês Oscar Lange dizia que é a vontade humana, na sociedade organizada, em vez da livre espontaneidade das leis econômicas, que dirige, de modo mais ou menos consciente, o desenvolvimento da economia. Na década de 1940, Lange afirmava que a planificação econômica seria um "traço essencial do socialismo" (LANGE, 1974, p. 21-35). Ele ficou conhecido nos anos 1950 por defender que o desenvolvimento da informática permitiria a existência de um supersistema central de planejamento, que poderia evitar crises cíclicas e a anarquia capitalista. Talvez influenciado pela NEP (Nova Política Econômica) na Rússia ou pelas formas emergentes de planejamento econômico aplicadas em diversos países, Lange acreditava que, no período de transição socialista, seria possível a existência de formas não socialistas de produção ao lado do setor majoritário e dominante socialista. Lange acreditava que uma grande centralização estatal na administração e no planejamento seria uma característica do início do desenvolvimento socialista. Ele pensava que isso seria necessário para a transformação revolucionária da sociedade, liquidando as relações capitalistas de produção, estabilizando um novo poder nacional e promovendo uma industrialização rápida. Porém, a partir do debate sobre o cálculo econômico e a tendência de estagnação do socialismo soviético, surgiu a elaboração do modelo de socialismo de mercado. Nesse modelo, combinou-se a influência do mercado, contribuindo para a suposta alocação eficiente dos recursos, com a regulação emanada da planificação.

Segundo Lange (1969, p. 110-119), a economia socialista dispõe de duas grandes vantagens, influenciando positivamente a alocação de recursos. A primeira vantagem é a distribuição de renda com o objetivo de alcançar o máximo bem-estar social. Em contraste, a economia capitalista tem uma distribuição de renda já previamente condicionada pela propriedade privada dos meios de produção. A segunda vantagem é a incorporação de todos os fatores econômicos no cálculo dos custos de produção, considerando, por exemplo, a educação, segurança e saúde dos operários nos processos produtivos. Em contraste, no capitalismo, o empresário só considera os seus custos privados de produção. Lange propõe que, nas condições do modelo de socialismo de mercado, conforme as diferentes circunstâncias históricas dos diversos países, ainda existiriam diversas formas (nacionais, municipais, cooperativas etc.) de propriedade dos meios de produção. E os bens produzidos tornam-se, na distribuição, propriedade privada dos consumidores. Nesse contexto, se a produção é de mercadorias, em razão da pluralidade de proprietários dos produtos, então se mantém a lei do valor na economia socialista (LANGE, 1974, p. 12-13). Obviamente, a lei do valor é acompanhada das leis da circulação monetária, porque a produção de mercadorias exige a troca por moeda.

Outra contribuição é de Alec Nove, professor de economia na Universidade de Glasgow e uma notável autoridade na área de história econômica russa e soviética. Publicou diversos livros, como *Stalinismo e depois* (1976), *Economia Política e Socialismo Soviético* (1979), *Glasnost em ação* (1989), *Estudos em Economia e Rússia* (1990), *História Econômica da URSS* (1992) e *Economia do Socialismo Possível*, publicado pela primeira vez em 1983 e talvez seu livro mais influente. Neste último, Nove pretende elaborar "um tipo de socialismo viável, possível, alcançável no período de vida de uma criança já concebida"," que ele chama de modelo de desenvolvimento socialista com mercado.

Alec Nove apresenta um modelo de socialismo muito influenciado pelas ideias da NEP, de Oscar Lange, bem como pelas experiências reformistas do Leste Europeu, com destaque para Polônia, Hungria e Iugoslávia. Nove aponta que a propriedade social deveria predominar, e o principal meio para atingir esse tipo de socialismo seria o mercado, formando uma economia mista, onde opera a regulação mercantil; o controle de preços atentaria contra o próprio sistema ao destruir o mercado.

Em sua proposta de modelo socialista de mercado, Nove (1989, p. 307-318) apresentou a seguinte estrutura de empresas: 1. empresas estatais centralizadas; 2. setor socializado: empresas estatais ou de propriedade social, com direção autônoma perante o Estado, mas prestando contas aos trabalhadores; 3. cooperativas; 4. pequenas empresas privadas; 5. atividades individuais, a exemplo de jornalistas *freelance* e artistas. Os bancos e as grandes empresas, inclusive monopólios, por características técnicas, economias de escala e necessidades organizacionais, deveriam ser controlados e administrados pelo Estado. Os serviços de eletricidade, telefones, correios, transportes públicos, além de complexos petrolíferos e petroquímicos, são exemplos de atividades de empresas que deveriam ser estatais centralizadas. Nas empresas socializadas, a administração prestaria contas aos trabalhadores, mas estes não seriam proprietários dos meios de produção, enquanto, simultaneamente, o Estado assumiria algumas responsabilidades restritas.

Com a titularidade da propriedade, as cooperativas teriam liberdade empresarial. Os negócios privados existiriam nas pequenas empresas, com limites claros para o número de empregados, ou valor dos ativos, ou restrições conforme o tipo de setor econômico. Esses pequenos proprietários não poderiam obter renda sem o concurso do seu próprio trabalho.

A direção central, por meio da planificação, se ocuparia dos grandes investimentos, além do monitoramento dos investimentos descentralizados para evitar projetos duplicados ou equivocados. O centro ainda definiria as regras para os setores livres, deteria algumas funções no comércio externo e deveria propor às assembleias eleitas os planos de longo prazo para mudanças técnicas e condições de vida. A gestão da política econômica, das políticas industriais e das ações regionais seriam funções do centro dirigente. Deveria haver punição para os erros e fracassos, por meio de multas, falências e até a própria destituição dos administradores.

Em vez de uma única forma de propriedade estatal, seria preciso combinar propriedades municipais, regionais e nacionais, além de um destacado papel para cooperativas em alguns ramos de produção, sem excluir a propriedade privada. No socialismo de mercado existe, sob coordenação estatal, uma coexistência de uma grande variedade de escalas, técnicas, organizações e relações de produção. Vários tipos de unidades de produção convivem em competição e cooperação. A pior opção seria a tentativa de socialismo sem mercado. A troca mercantil seria indispensável, impõe-se como necessidade incontornável, apesar de alguns de seus efeitos serem deletérios à causa socialista. Mas é viável uma organização da economia que conta com o mercado e, ao mesmo tempo, resiste aos malefícios mercantis, assegurando que as pessoas tenham espírito público e solidariedade?

As contribuições de Lange e Nove encararam o balanço sobre a ineficiência e os desequilíbrios do socialismo soviético, sendo entusiastas de reformas socialistas de mercado. Em seu livro, Nove relata que fez palestras sobre as reformas de mercado no Leste Europeu para o Partido Comunista da China no final da década de 1970, apontando que o ambiente era tomado pelos debates em torno de alternativas inspiradas pela NEP. Não seria exagero dizer que essas ideias heterodoxas sobre socialismo com mercado têm sido implementadas com muito sucesso na China desde 1978, no Vietnã e no Laos desde 1985, bem como sendo referência para países que buscam o desenvolvimento econômico e social.

Entre os requisitos mais importantes para estabelecer um sistema socialista marxista estavam dois que diziam respeito à abolição da propriedade privada e à substituição do livre mercado capitalista pelo planejamento central. Na verdade, era um requisito único: o primeiro levava ao segundo, pois, quando todo bem é propriedade do Estado, não há necessidade de mercado para compra e venda. Entretanto, um sistema assim, apesar de ter alguns benefícios no curto prazo, não consegue criar um sistema social superior ao capitalismo. A estagnação dos monopólios estatais apresenta o mesmo problema dos monopólios capitalistas — falta de competição, estancamento das forças produtivas, desequilíbrios entre os setores da economia, entre outros. Em países menos desenvolvidos, isso não leva ao desenvolvimento das forças produtivas.

Em um artigo de David Lane intitulado "Por que o socialismo de mercado é uma alternativa viável ao neoliberalismo?", debate-se a atualidade da perspectiva socialista de mercado. Considerada uma alternativa viável ao capitalismo, a ideia-chave, de acordo com cientistas políticos britânicos como Julian Le Grand e David Miller, é que o socialismo de mercado retém o mecanismo de mercado enquanto socializa a propriedade do capital. A "propriedade social" pode assumir muitas formas. A propriedade cooperativa é altamente favorecida. Os empregados não possuem suas máquinas ou empresas, o que seria considerado uma forma de capitalismo empregado. Em muitas versões, as empresas têm o direito de usar e obter receita de seus ativos, enquanto as agências de investimento possuem o capital e tomam decisões de gestão estratégica. Mas cada empresa tem uma forma democrática, e o controle pelos funcionários é uma delas (LANE, 2013). Conforme Lane,

> Uma consequência de uma política socialista de mercado é que as empresas que falham ao público e claramente carecem de responsabilidade pública seriam socializadas. Atualmente, os setores bancário, de energia e de transporte ferroviário seriam os principais candidatos. As políticas econômicas poderiam ser realizadas dentro da estrutura capitalista para restaurar o crescimento e o emprego. Isso permitiria a introdução de formas de planejamento indicativo que aumentariam ainda mais o controle público (LANE, 2013).

Lane enfatiza que a maximização do lucro continuaria a ser a motivação do empresário. A competição de mercado continuaria gerando lucros ou incorrendo em falência. O objetivo seria alcançar um maior grau de igualdade na distribuição da propriedade de capital. A renda da propriedade de capital não é obtida, e sua distribuição altamente desigual representa uma "responsabilidade moral". Essa propriedade seria "entregue" à propriedade pública. No entanto, os lucros do verdadeiro empreendedorismo e inovação continuam e atuam como incentivos. E a renda continuaria sendo usada como as pessoas desejassem — estilos de vida luxuosos e conspícuos poderiam continuar (LANE, 2013). Nesta transição socialista de mercado:

> Os valores capitalistas de competição e incentivo ao lucro ainda existem e podem derrotar os elementos socialistas introduzidos pela propriedade social. Essas políticas, pode-se admitir, são formas de capitalismo democrático com características socialistas. Os níveis de desigualdade, mesmo refletindo uma contribuição positiva para a economia, não seriam aceitos por muitos na esquerda. (LANE, 2013)

Lane aponta que o socialismo de mercado tem a vantagem não apenas de fortalecer a democracia, mas também de se mover na direção do socialismo dentro das sociedades capitalistas de mercado. A socialização da economia, tal como o controle público, poderia ser introduzida de forma fragmentada, formando um sistema híbrido. E a manutenção de muitos aspectos do capitalismo, concomitante à introdução da propriedade e do planejamento socializados, é considerada como tendo mais apelo para o público.

Haveria conquistas positivas em termos de alocação de capital e distribuição de renda. Tem algum apelo até mesmo para os céticos em relação ao planejamento e à gestão do Estado. Como um programa mínimo, ele reverteria a financeirização e instalaria a propriedade pública sobre as empresas em falência. Finalmente, estenderia o muito valorizado bem social da democracia na forma de cooperativas e controle dos empregados.

Lane enfatiza que os socialistas de mercado podem ser culpados por simplificar demais suas propostas para um sistema econômico híbrido. Empresas autônomas que buscam eficiência de mercado exigem incentivos, e seu sucesso é medido em termos de lucratividade. Isso, por sua vez, não apenas gera desigualdade, mas mina os valores socialistas. As forças de mercado, mesmo no contexto de propriedade pública, acarretariam um nível de anarquia econômica e incerteza. Os ricos prosperariam às custas dos pobres. A competição promove o individualismo, que é psicologicamente positivo para os vencedores, mas deprime os perdedores. Lane pondera que a divisão da economia em setores privados, coletivos e estatais e a orientação do planejamento central e do mercado não têm sido fáceis e operacionais sem problemas, nem sempre combinando o melhor dos dois sistemas, ou seja, o mercado livre e o socialismo planejado centralmente (LANE, 2013). Lane impressiona as mentes mais utópicas que acreditam num socialismo sem conflitos, erros e contradições. Trata-se de um sistema de transição essencialmente contraditório, com diversos riscos de sabotagem e cheio de percalços.

Na China, a economia de mercado está profundamente conectada com o sistema econômico socialista, cujo fundamento é a propriedade pública como base da coexistência de uma variedade de propriedades. A economia de mercado foi implantada sob sistemas capitalistas no ocidente. Na China, foi construída a partir de uma economia socialista. O atributo "socialismo" aponta o objetivo e a natureza da economia de mercado. Além disso, a economia de mercado chinesa tem suas próprias características. Por isso, o socialismo chinês é muito diferente das economias de mercado dos países capitalistas ocidentais e asiáticos.

No capitalismo (mais ou menos desenvolvido), o foco do Estado é o capital. Interfere para implantar infraestrutura para o capital, apoiar setores do capital e salvar o capital quando entra em crise. O capital é incapaz de uma perspectiva de longo prazo. E qualquer compensação para as classes populares é feita a contragosto. No socialismo de mercado, o Estado planeja e explicita seus projetos, combinando ações de curto, médio e longo prazo. O papel do Estado é diferente das outras economias de mercado. O Estado mantém o controle dos principais meios de produção, da maioria do sistema financeiro, do desenvolvimento tecnológico e dos ramos estratégicos da indústria e infraestrutura. O Estado interfere no mercado com seus bancos, indústrias, fazendas e órgãos de governo, evitando desequilíbrios do mercado em relação a preços e propriedades. O Estado promove a distribuição de renda de modo a evitar polarizações sociais. As políticas macroeconômicas chinesas regulam o mercado com a gigantesca estrutura de empresas estatais e cooperativas. Assim, pelo menos por ora, a parte privada tem papel ativo e destacado, mas não conduz o desenvolvimento nacional.

O socialismo de mercado não é nem capitalismo nem socialismo soviético. Ele remonta às propostas da Nova Política

Econômica da Rússia na década de 1920, passa pelo projeto de reformas socialistas na Hungria e em outras Repúblicas do Leste Europeu nas décadas de 1960 e 1970, ganha dimensão histórica na China com as reformas a partir de 1978, depois nas reformas de mercado no Vietnã e no Laos na década de 1980, em medidas aplicadas por Cuba e outros países socialistas desde a década de 1990. Também passa a ser referência para diversos governos populares pelo mundo, conseguindo mesclar soberania, desenvolvimento e estabilidade política.

O ex-presidente Jiang Zemin conta que Margaret Thatcher, em sua visita à China, falou energicamente que era impossível mesclar socialismo e mercado. Zemin teria respondido: "tarde demais, Sra. Thatcher, já estamos fazendo e está dando certo". O que era uma falta de lógica para o pensamento liberal, para os chineses fazia todo sentido. Não deveria haver qualquer problema em recriar o socialismo com mercado, repensar as experiências reformistas, inspirar-se pelo espírito da NEP russa e outras experiências no Leste Europeu, aproveitar o acúmulo histórico das Quatro Modernizações propostas por Zhou Enlai. Por outro lado, até por influência do socialismo soviético, no Ocidente foi se solidificando a opinião de que planejamento é socialismo e economia de mercado é capitalismo. Deng Xiaoping refutava um pensamento rígido sobre planejamento e economia de mercado. Defendia que era preciso uma grande e perigosa retirada estratégica, vagarosa e complexa, no ritmo que conseguisse manter o desenvolvimento econômico e a estabilidade política — um sistema de transição socialista, partindo das condições nacionais, combinando regulação do mercado com medidas globais de planificação, admitindo uma diversidade de formas produtivas para equilibrar o desenvolvimento econômico e social.

Para liberar as forças produtivas, flexibilizou-se o controle dos meios de produção de setores nãoestratégicos, favorecendo a formação de empresas privadas e cooperativas. O crescimento do setor privado se deu em conjunto com o aumento da competitividade das estatais e cooperativas. O gasto público cresceu significativamente, com as empresas estatais sendo a espinha dorsal da economia, mantendo o controle dos principais meios de produção que atuam no mercado sozinhas e em grupos, e servem de base para o planejamento macroeconômico, capaz de dirigir e regular o mercado. Os chineses abriram sua economia de forma calculada e gradual, apresentando como atração o baixo custo relativo de mão de obra, a boa infraestrutura de energia, transporte e comunicação, orientação no processo de investimentos e a estabilidade social e política. Aproveitando o capital externo para criar e adensar suas cadeias produtivas, condicionaram os investimentos à associação com empresas chinesas, à transferência de novas e altas tecnologias e à participação no comércio internacional. Criaram um sistema monetário soberano. Modernizaram as estatais e descentralizaram o planejamento. Mantêm uma política ativa de distribuição de renda por meio de aumentos constantes de salários, aposentadorias e serviços públicos.

Apesar da falta de alternativas disponíveis ao capitalismo monopolista no Ocidente, estamos vendo (com diferentes reações) a ascensão global da China e de outras experiências socialistas remanescentes sob um novo paradigma que se pode denominar, de forma ampla, como "socialismo de mercado" — um sistema que engloba diferentes cadeias produtivas e territórios e já apresenta uma superioridade ao capitalismo em diversos quesitos. O socialismo tornou-se (novamente) possível e factível com este novo modo de produção híbrido construído na China e em alguns outros países, em maior ou menor grau, como Vietnã, Laos, Cuba, Angola e Namíbia. Aqueles que dizem que socialismo com mercado é impossível, um paradoxo, um oximoro ou simplesmente indesejável, adotam uma posição negacionista da realidade histórica construída nas últimas décadas na China e em outros países socialistas.

É evidente que o capitalismo e as grandes potências fazem de tudo para não dar espaço para que outro modo de produção se consolide, coexista e compita com ele. Com o fim da URSS, muito se alardeou sobre a superioridade do capitalismo; porém, hoje a situação é substancialmente diferente. Mesmo assim, o socialismo de mercado coloca novos paradigmas aos socialistas do mundo. Não é livre mercado, pois o mercado é regulado, e o papel do planejamento é crucial. É estímulo ao mercado desde que não gere monopólios e distorções graves. Incorpora elementos capitalistas, mas fortalece ainda mais o setor público das estatais, cooperativas e empresas mistas. É planejamento e mercado ao mesmo tempo, remediando excessos de ambos — processo que não é livre de contradições.

Tensões e contradições, num processo de construção deste modo de produção socialista de mercado, guardadas as características nacionais, são inevitavelmente geradas. É evidente que o socialismo não é a erradicação da discórdia, a criação de unanimidades em torno do "bem comum" ou a geração espontânea e permanente de consensos. Se o socialismo fosse sem conflitos, defeitos e contradições, estaria no reino da utopia — no pior sentido do termo. Por isso, o socialismo de mercado, apesar das contradições, supera a perda do escopo e a pureza da agenda socialista, colocando mais concreto onde reinam boas intenções.

Diante do capitalismo senil, o socialismo de mercado oferece uma saída. Quanto mais povos e países iniciarem transições socialistas fortalecendo este modo de produção emergente, podendo desafiar o capitalismo financeiro e transnacional, inibir suas tendências mais destrutivas — como guerras, fome, miséria, desemprego, crise climática, colonialismo etc. —, mais rapidamente poderá uma ofensiva socialista conter as inerentes tendências destrutivas do capital. A luta pela emancipação continua, os avanços podem ser reversíveis, e os grandes atores do capitalismo continuam com suas armas a postos. A história está em aberto, e a disputa entre o capitalismo senil e o socialismo de mercado emergente está na ordem do dia. Realmente, é mais fácil criticar o capitalismo do que apresentar alternativas viáveis, reais, possíveis e atingíveis. Quer se goste ou não, no atual momento de profunda crise capitalista, o socialismo de mercado se consolida como um novo horizonte estratégico.

REFERÊNCIAS

LANGE, O. On the economic theory of socialism: Part one. *The Review of Economic Studies*, Vol.4, 1934.

______. *Introdução à Econometria*. São Paulo: Fundo de Cultura, 1967.

______. Marxian economics and modern economic theory. *The Review of Economic Studies*, Oxford, v. 2, n. 3, p. 189-201, June 1935.

______. The scope and method of Economics. *The Review of Economic Studies*, Oxford, v. 13, n. 1, p. 19-32, 1945.

______. *The Computer and the Market*, em Alec Nove e D. M. Nuti, eds., Socialist Economics, Middlesex, UK: Penguin Books, 1973.

______. La Planeación en la Economía Socialista. IN: LANGE, Oskar. *Problemas de Economía Política del Socialismo*. México: Fondo de Cultura Económica, 1989

NOVE, A. *A economia do socialismo possível — lançado o desafio: socialismo com mercado*. São Paulo: Ática, 1989.

LANE, D. Porque o socialismo de mercado é uma alternativa viável ao neoliberalismo? *Revista da London School of Economics and Political Science*, 2013. Disponível em: https://blogs.lse.ac.uk/politicsandpolicy/37396/

CHINA: AS EMPRESAS PRIVADAS E A DIREÇÃO COMUNISTA

É comum se falar em "milagre chinês", como se fosse uma graça divina. Porém, vale a pena destacar que o "milagre econômico" está profundamente integrado com o sistema político chinês. Ele garante as condições para que reformas econômicas sejam realizadas com maior grau de sucesso e é seu principal agente. Não existem "políticas econômicas", mas uma economia política que fundamenta as aspirações e capacidades do Estado.

Durante os mais de 70 anos transcorridos desde a fundação da República Popular e dos últimos 40 anos desde suas reformas e abertura, a China registrou notáveis conquistas históricas. Porém, o principal fator para o crescimento econômico acelerado por um longo período foi o sistema socialista da China. Nesse sistema, é o Partido Comunista que lidera as reformas econômicas, políticas, sociais, culturais e ambientais. O PCCh é a forçamotriz do forte e poderoso Estado da China.

O processo pelo qual a China constrói o socialismo sob a liderança do Partido Comunista pode ser dividido em duas fases históricas — uma que antecedeu o lançamento das reformas e da abertura, em 1978, e outra que se seguiu a esse evento. As duas fases — ao mesmo tempo relacionadas e distintas uma da outra — são ambas explorações pragmáticas na construção do socialismo conduzidas pelo povo sob a liderança do partido desde a fundação da República Popular da China (RPC), em 1949. Embora as duas fases históricas sejam muito diferentes em seus pensamentos orientadores, princípios, políticas e trabalho prático, elas não estão de forma alguma separadas ou opostas uma à outra. Não se deve negar a fase de pré-reforma e abertura em comparação com a fase de pós-reforma e abertura, nem o contrário.

O principal fio condutor entre os dois períodos é a persistente estrutura institucional Partido/Estado, com toda sua centralidade — ora contestada, ora reforçada — e seus efeitos amplos e profundos, ideológicos, políticos e econômicos, na vida chinesa. O PCCh está enraizado em cada província, cada cidade e vilarejo — e, atualmente, até nas grandes empresas. Com a vitória da revolução em 1949, o Partido Comunista Chinês tornou-se a principal instituição política para a tomada de decisão dos rumos estratégicos da China, em simbiose com o aparato estatal. Constituiu-se o Estado nacional, reunificou-se a pátria, superou-se a guerra civil e venceu-se a ocupação estrangeira. Isso garantiu a estabilidade da sociedade chinesa e estabeleceu uma base sólida para a reforma e o desenvolvimento. O sistema de governança nacional é o resultado do desenvolvimento de longo prazo, melhoria gradual e evolução endógena com base na herança histórica, tradições culturais e desenvolvimento econômico e social da China. Hoje, esse processo integra Big Data com confucionismo. É singular em tamanho e organização, com capacidades de governança incomparáveis aos sistemas ocidentais. Em suma, o Partido Comunista Chinês tem vantagens significativas que outros partidos políticos não possuem.

Muitos tentam ver o Partido Comunista Chinês como uma cópia do partido da União Soviética. Porém, desde a morte de Mao em 1976, uma série de reformas políticas vem sendo realizada, buscando descentralizar o poder para as províncias e renovar a liderança comunista, num sistema com prazo para aposentadoria e promoção de quadros. No decorrer da reforma e da abertura, o PCCh estabeleceu a linha básica da etapa primária do socialismo. As medidas adotadas nas décadas de 1980 e 1990 visavam garantir que diversas gerações pudessem manter o Estado socialista. O sistema político chinês se divorciou assim do sistema socialista clássico da URSS. As reformas a partir de 1978 também se deram na superestrutura, no sistema político geral da China. Manteve-se o Partido Comunista na liderança do Estado, ampliaram-se as iniciativas do Conselho Consultivo formado por mais sete partidos, e o PCCh passou a desenvolver um sistema próprio de formação dos quadros para o Estado, baseando-se em critérios de eficiência no desenvolvimento econômico e na renovação. Considerado pai das reformas, Deng Xiaoping insistiu muito para que a China não virasse uma gerontocracia como a URSS, com lideranças muito velhas e com menos energia. Assim, o partido sustentou sua legitimidade com o povo, criando um sistema de autorrenovação que permite descentralização, menos burocracia e mais eficiência na governança política e econômica.

Ao mesmo tempo que se descentraliza, a vantagem da liderança do Partido Comunista é conseguir unir todas as forças possíveis, com fortes capacidades organizacionais e de mobilização para realizar tarefas importantes. Absorve a grande maioria dos membros proeminentes da sociedade chinesa, convidando-os para se tornarem membros do partido; mas também tem talentos notáveis de todas as esferas da vida, o que é incomparável a qualquer outra organização política. A utilização dessas vantagens permitiu ao socialismo com características chinesas mostrar seu vigor e vitalidade, com caráter cada vez mais sistemático, cientificamente padronizado e eficaz.

O próprio setor estatal da economia — controlado diretamente pelo partido — também viveu reformas. Na segunda metade da década de 1990, as empresas estatais passaram por um processo profundo de mudanças, pela fusão de milhares de companhias e pela privatização de outras tantas. Ao fim desse processo, surgiram 149 conglomerados empresariais estatais com crescente capacidade de atuar no mercado. A separação entre a gestão e a propriedade, a maior qualificação de quadros administrativos e o recurso a certos critérios de mercado transformaram muitas dessas empresas em gigantes globais. Essas empresas estatais, a maioria das quais no topo da cadeia industrial, desempenham papéis centrais nas indústrias básicas e na manufatura pesada, enquanto as empresas privadas estão mais envolvidas no fornecimento de produtos manufaturados, especialmente bens de consumo final. Em 1994, havia 150 mil empresas privadas registradas. Em 2018, eram 15 milhões. De forma gradual, as empresas estatais e as privadas passaram a ter uma relação interdependente de apoio e cooperação mútuos. Se as empresas privadas estão em boas condições de negócios, o capital estatal pode se retirar, e as empresas estatais podem aumentar a eficiência recrutando a participação de empresas privadas quando enfrentam dificuldades. Além disso, as empresas privadas são as mais dinâmicas na China na criação de postos de trabalho. Também existem cerca de 500 mil companhias estrangeiras, muitas delas com empresas mistas com estatais e cooperativas chinesas.

Mesmo os observadores mais exigentes têm que admitir que, sob a liderança do Partido Comunista da China, a força nacional abrangente da China tem sido continuamente aprimorada, os padrões de vida das pessoas têm melhorado continuamente e a harmonia e estabilidade sociais foram alcançadas enquanto se continua a promover grandes reformas. A garantia da estabilidade política — principal mantra de Deng Xiaoping — é o sustentáculo de um projeto de longo prazo. No início da reforma e da abertura, Deng disse uma vez: "Nosso sistema será aperfeiçoado dia a dia. Ele vai absorver os fatores progressivos que podemos absorver de todos os países do mundo e se tornar o melhor sistema do mundo". Para o horror dos liberais, o Partido Comunista da China pratica o centralismo democrático, tem um sistema organizacional e disciplina rígidos, cobrindo todos os departamentos e campos, e alcançando o nível de base. Ao contrário dos partidos ocidentais, que são relativamente frouxos e não têm uma ampla base de massa, o Partido Comunista da China é capaz de unificar pensamentos e ações, tem forte coesão e eficácia de combate, alta eficiência e execução, e pode responder efetivamente aos principais desafios — como foi a mobilização de combate à covid.

Essa tendência de autorrevolucionarização e de aprimoramento também está presente hoje com Xi Jinping. Ele disse: "por meio de reformas e inovações contínuas, de modo que o socialismo com características chinesas seja mais eficiente e mais estimulante do que o sistema capitalista para liberar e desenvolver as forças produtivas sociais, [vamos] liberar e aumentar a vitalidade social e promover o desenvolvimento geral das pessoas. O entusiasmo, a iniciativa e a criatividade de todas as pessoas podem oferecer melhores condições favoráveis para o desenvolvimento social, obter uma vantagem comparativa na competição e demonstrar plenamente a superioridade do sistema socialista com características chinesas". Segundo Xi, a China está apresentando para inúmeros países um modelo socialista que se torna, cada vez mais, "uma nova opção" para "países e nações que queiram acelerar seu desenvolvimento enquanto preservam sua independência".

Os dois principais projetos chineses que sustentam essa "nova opção" são "Um Cinturão, uma Rota" (One Belt, One Road), lançado em 2013 e também conhecido como "Novas Rotas da Seda"," e o Plano "Made in China 2025", lançado em 2015. No curto espaço de 40 anos, a China foi não só capaz de assimilar as três revoluções industriais comandadas pelos países ocidentais desde o século XIX, mas também de assumir a liderança mundial no processo de desenvolvimento da nova revolução industrial em curso. Com seu plano "Made in China 2025", ela busca dar um salto na estrutura produtiva de sua indústria, tendo por base as altas tecnologias. Com isso, os setores-chave da economia chinesa passarão a ser os equipamentos eletrônicos, microchips, máquinas agrícolas, novos materiais, energias renováveis, carros elétricos, ferramentas de controle numérico, robótica, tecnologia da informação, tecnologia aeroespacial, equipamentos ferroviários, equipamentos de engenharia oceânica, navios de última geração e dispositivos médicos avançados. Em outras palavras, até 2025 a China deve reduzir sua dependência de tecnologias estrangeiras e consolidar sua participação na produção científica e tecnológica mundial. Até lá, o 5G deve estar disseminado por todo o país. Enfim, quando alguém perguntar qual a razão do milagre econômico chinês, a primeira resposta é: o partido comunista.

UM POUCO SOBRE DENG XIAOPING

Deng Xiaoping (1904-1997) foi o mais poderoso e influente dos líderes do Partido Comunista da China do início dos anos 1980 até sua morte. Ele tinha sido originalmente um colega do presidente do Partido Comunista Mao Tse Tung durante a Longa Marcha. O Partido Comunista chegou ao poder em 1949 e Mao permaneceu como seu presidente até sua morte em 1976. Nos anos 1960 e 1970, Deng foi banido para a obscuridade por ter defendido uma alternativa mais liberal ao comunismo de Mao. Após a morte de Mao, apoiadores de Deng conseguiram ajudá-lo a ganhar o poder.

No final da década de 1970, a China vivia a fase final do período maoísta: a planificação tornou-se rigidamente centralizada e a economia apresentava-se mais complexa; havia excessiva concentração na indústria pesada, surgiram dificuldades no transporte e insuficiência e má qualidade dos bens de consumo da população. A organização industrial já apresentava queda da produtividade, emprego redundante, salários congelados. Os trabalhadores e camponeses encontravam-se frustrados e descontentes. Em abril de 1978, o primeiro-ministro Hua Guofeng lançou um grande plano de aceleração da construção econômica, com rápida industrialização, grandes obras de infraestrutura e massiva importação de tecnologia. Era como se fosse uma volta ao passado.

A volta de Deng Xiaoping ao poder ocorreu com sua ocupação em tarefas governamentais no terreno da educação, ciência e tecnologia, durante os anos de 1977 e 1978. Deng propunha um reajustamento da economia, "uma retirada parcial, no estilo da Grande Marcha". A corrente majoritária, liderada por Deng no Comitê Central, impôs a rejeição da linha política da manutenção das políticas maoístas, na famosa 3ª Sessão Plenária, em dezembro de 1978, e, em abril de 1979, atribuiu a avaliação de grande fracasso ao plano econômico de Hua Guofeng, plano esse apenas recém-adotado. Apontaram-se os resultados de déficit orçamentário, déficit comercial, inflação etc. Decidiu-se por uma nova política para "reajustar, reformar, corrigir e melhorar" a economia. Contrasta a tentativa de política econômica de Hua, cujo conteúdo era caracterizado por massiva e acelerada industrialização, isolamento comercial e planificação estatal, com as propostas de Deng, que se baseavam em incentivos materiais, busca de eficiência econômica e desenvolvimento com destaque ao comércio exterior. Hua Guofeng foi afastado de suas funções no início de 1980, mantendo-se com os títulos apenas nominalmente, enquanto Zhao Ziyang, apoiado por Deng, assumia, na prática, as tarefas de primeiro-ministro. No final dos anos 1970, o sistema de planificação centralizada e as escolhas que lhe eram associadas estavam prestes a ser profundamente reformados, colocando a China numa nova fase de desenvolvimento.

Em 1981, o Partido Comunista da China declarou que a Revolução Cultural foi "responsável pelo revés mais severo e pelas perdas mais pesadas sofridas pelo Partido, pelo país e pelo povo desde a fundação da República Popular". Já estava em marcha o programa "Boluan Fanzheng," que significa "eliminar o caos e voltar ao normal" — que desmantelou gradualmente as políticas maoístas associadas à Revolução Cultural e trouxe o país de volta à ordem.

Deng Xiaoping apresentou o conceito de construção do socialismo com características chinesas. Ele forneceu, pela primeira vez, respostas claras e sistemáticas a várias questões básicas sobre como construir, consolidar e desenvolver o socialismo na China, um país econômica e culturalmente subdesenvolvido. Suas respostas trouxeram uma nova perspectiva ao marxismo, abriram novos domínios e elevaram a compreensão do socialismo a um novo nível científico.

Deng também não perdia de vista a comparação com os países desenvolvidos, sobretudo os Estados Unidos e o Japão. Para superar esse atraso relativo da China, fazia-se necessária a modernização econômica. Era preciso estabelecer um sistema que operasse com estabilidade, eficiência, competitividade e cooperação. Seria um programa baseado nas condições nacionais reais. Assim, rompe-se definitivamente com as "soluções universais" e passa-se a focar em soluções peculiarmente chinesas para questões econômicas, políticas, militares etc. Passa-se a interessar pelas experiências de outras economias planificadas, as experiências de reformas de mercado da NEP na Rússia e na Hungria nas décadas de 1960 e 1970. Também buscou-se estudar e aprender com as experiências asiáticas de desenvolvimento rápido. De qualquer forma, a direção do PCCh estava em consenso de que o "modelo estatista" estava levando a URSS à estagnação econômica.

Deng reviveu a máxima de Lênin para a NEP: "Avançada tecnologia capitalista + Estado da ditadura do proletariado", defendendo fortemente a inovação, dizendo: "Quanto ao desenvolvimento da ciência e das tecnologias, quanto mais altas e novas, melhor e mais contentes ficaremos. Em nosso esforço para concretizar a modernização, o ponto-chave é elevar o nível de nossa ciência e tecnologia. Devemos exigir um estilo de trabalho realista ou revolucionário. Isso nos ajudará a transformar ideais elevados em realidade, passo a passo". Em 1982, ele disse: "No domínio das tecnologias, seremos bons em aprender; em particular, devemos ser bons em inovar".

As reformas propostas por Deng consistem na adoção de novos e inexplorados rumos. O Estado deveria ser reorientado para liderar o esforço de modernização econômica, no sentido específico de favorecer, com incentivos e proteção, a atração de capitais privados estrangeiros e, simultaneamente, preservar determinada presença estatal direta na esfera produtiva. A aposta e a confiança nos efeitos estruturais e positivos da integração com o mercado mundial levaram à política de portas abertas e ao estreitamento das relações com o Japão e o Ocidente, sobretudo os Estados Unidos. Abandonava-se a estratégia maoísta de independência nacional assentada na construção econômica baseada nas próprias forças. Ao longo do tempo, desde 1978, foram se sedimentando as concepções e a lógica do novo modelo de desenvolvimento chinês. Houve um processo de gestação e amadurecimento das primeiras ideias das reformas.

No início das mudanças, argumentava-se, por meio de pronunciamento oficial, que haveria um limite para as mudanças. Assim, as reformas não poderiam subverter os quatro princípios da revolução, a saber: socialismo, ditadura democrático-popular, direção do PCC e marxismo-leninismo -pensamento Mao Zedong. Em 1980, Deng expôs as três principais tarefas estratégicas para a década que se avizinhava: i) luta contra o hegemonismo das superpotências; ii) reunificação nacional, sobretudo a volta de Taiwan à China; e iii) aceleração da construção econômica. Os quatro trabalhos seriam: i) reforma estrutural da administração e revolucionarização dos quadros, com maior preparação cultural e profissional; ii) desenvolvimento do espírito socialista; iii) combate aos delitos, sobretudo na economia; iv) retificação do estilo de trabalho e consolidação orgânica do PCC, a partir dos novos Estatutos. Dez princípios orientariam a gestão da economia: i) política de desenvolvimento da agricultura, inclusive contando com avanços científicos; ii) fortalecimento da indústria leve e reajuste da indústria pesada; iii) consumo eficiente da energia e fortalecimento das indústrias de energia e de transportes; iv) transformação técnica nas empresas; v) organização econômica com base em grupos de empresas; vi) elevação dos investimentos na construção; vii) política de portas abertas para a economia internacional e reforço da autossustentação; viii) reforma da estrutura da economia e maior iniciativa dos vários setores; ix) elevação cultural e científica dos trabalhadores e maior progresso da ciência e da tecnologia; x) prevalência da orientação geral de "tudo para o povo", vinculando economia e condições de vida das massas. O objetivo estratégico da modernização é situar a China como um país desenvolvido em 2050.

As reuniões de 1978 no PCCh apontavam a necessidade de se partir do nível real das forças produtivas, sem elevar seu grau de socialização de maneira voluntarista, isto é, conviver e estimular outras formas de propriedade além da estatal, especialmente cooperativas, empresas privadas e empresas mistas, que podem ter diversas configurações. As diferenças entre as empresas estatais e as economias cooperativas coletivas são diferenças de caráter não radical. São diferenças entre duas espécies de economia nos limites das relações de produção socialistas. À propriedade estatal, como forma superior de propriedade socialista, cabe o papel dirigente e determinante em toda a economia nacional. As formas estatais de economia abrangem o setor dirigente da economia nacional — a indústria socialista —, bem como a terra e as grandes empresas da agricultura.

As reformas tiveram início no campo, dando aos 800 milhões de camponeses o direito de escolher diferentes sistemas de responsabilidade pela produção agrícola, de forma cooperada, familiar ou individual. O que se precisava para garantir insumos e alimentos para 1 bilhão de pessoas era ampliar o incentivo aos camponeses com a rápida expansão da indústria leve, bens de consumo e serviços. A nova linha passou a visar o crescimento de formas diversificadas de direito de propriedade. Passou-se a introduzir reformas com o objetivo de fortalecer o mecanismo do mercado, sempre com o pressuposto de que a propriedade pública deve permanecer dominante. E o motor desse processo foram as empresas estatais consideradas de segurança nacional (indústrias estratégicas ou chaves), como energia, defesa, telecomunicações, máquinas e equipamentos, automotiva, tecnologias da informação, siderurgia, química, construção naval e aviação, pesquisa e desenvolvimento. Elas começaram a implantar uma autonomia para negociar no mercado, para que viessem a se transformar em grandes conglomerados, que pudessem liderar o processo de modernização.

Os comunistas reformistas chineses, liderados por Deng Xiaoping, inovaram na condução da industrialização socialista a partir de 1978. Partindo de uma base industrial sólida e mais ou menos moderna, construída entre 1949 e 1977, os chineses passaram a trilhar outro caminho que o soviético, em condições de estabilidade interna e externa. Os chineses concordam que a industrialização socialista cria a base material para o desenvolvimento das formas socialistas de economia e a liquidação dos elementos capitalistas, dando às formas socialistas de economia a supremacia técnica necessária para derrotar inteiramente a formação capitalista. Porém, diferentemente da URSS, os chineses buscaram um desenvolvimento gradual, partindo da consolidação de indústrias leves para mais complexas.

Como um processo gradual —— cujas condições para execução nunca existiram na URSS —,— as reformas econômicas visaram primordialmente atrair novas tecnologias e criar divisas por meio do comércio exterior, com processos de mobilização de meios para o desenvolvimento da indústria que eram vistos como incompatíveis com os princípios de um regime socialista. Com uma condição interna e externa mais estável que a da URSS, os chineses passaram a se abrir para o mercado de capitais excedentes das potências capitalistas, para solucionar o problema da acumulação de meios para a construção da indústria à custa de fontes externas. Buscam investimentos externos para financiar os projetos de desenvolvimento industrial com estatais, cooperativas, empresas privadas e mistas.

Nas condições de inflação, com suas taxas de 6% em 1986, 7,3% em 1987 e 18,5% em 1988, a liberalização dos preços foi um importante objeto de disputas no interior do sistema Partido-Estado, na segunda metade da década de 1980. Deng Xiaoping insistiu nessa liberalização em 1986 e começou, a partir de maio de 1988, a conclamar publicamente pela adoção da liberdade dos preços de mercado. O superaquecimento da economia, a inflação e a ameaça de desequilíbrios maiores, em 1988, ao lado dos protestos na praça da Paz Celestial (Tiananmen), em 1989, suscitaram divergências, alinhando, de um lado, os chamados reformadores e, de outro, os tidos conservadores. Os primeiros defendiam a regulação da economia pelo mercado e os últimos seriam os defensores da planificação central. A elaboração econômica de Chen Yun, o mais importante veterano dirigente depois de Deng, era a principal referência para reduzir a liberalização da economia. Para Chen, a economia deveria ser regulada em 80% pelo plano e 20% pelo mercado. O 8º Plano Quinquenal, lançado em dezembro de 1990, não teve nenhuma mudança da rota orientada para o mercado. Não se cogitou nenhuma política de ataque aos interesses já criados. Esses interesses já estavam cristalizados através da disseminação das cooperativas, da autonomia dos diretores das empresas, da expansão do papel político dos secretários do Partido nas províncias e do fortalecimento dos governos locais, sempre envolvidos em negócios, contratos, jointventures e atração de investimentos, no sentido da expansão da atividade econômica privada.

Após 14 anos do início das reformas, a viagem de Deng Xiaoping ao Sudeste chinês desenvolvido, em 1992, após o fim definitivo da União Soviética, exortou à utilização do mercado e das ferramentas capitalistas na construção do "socialismo de mercado com características chinesas". Deng usava a metáfora "vadear o rio, pulando de pedra em pedra, deslocando-se de uma margem à outra", a fim de justificar o gradualismo das reformas de mercado. O certo é que, no decorrer do tempo, as reformas graduais constituíram um acúmulo de mudanças parciais suficientes para mudar o todo. As mudanças, de passo a passo, já trilharam mais do que o tempo de uma geração. A acumulação quantitativa e gradual de reformas regressivas criou, ao longo do tempo, as condições para a emergência de um patamar qualitativo "novo" na formação econômico-social da China, com a prevalência de tendências e formas socialistas, cooperadas, capitalistas e mistas.

Desde a reforma e abertura, a China desenvolveu vigorosamente indústrias de mãodeobra intensiva, participou do mercado internacional com produtos industriais de baixa tecnologia, entrou nos elos de baixo valor agregado da cadeia industrial internacional e, assim, integrou-se ao ciclo econômico internacional . A partir de 2010, a China passou a liderar o mercado mundial em alguns segmentos da indústria, como máquinas e equipamentos elétricos e na química, e se posicionou como um dos principais produtores em quase todos os demais segmentos industriais. O desempenho da China não se restringiu apenas aos setores de média ou baixa intensidade tecnológica. Ao contrário, progressivamente, a China ampliou sua fatia dos chamados bens de alta intensidade tecnológica (informática, equipamento de telecomunicações, instrumentos médicos e ótica, aeronáutica e a indústria farmacêutica).

Isso se deve, além do fator político ligado ao Partido Comunista, ao consistente investimento em tecnologia. Desde o início da década de 1980, o governo chinês vem elaborando programas nacionais de ciência e tecnologia (C&T), que têm sido executados ao longo de sucessivos planos quinquenais. As áreas prioritárias, objetivos e metas desses programas foram sendo revistos e reorientados conforme as diretrizes e os objetivos estratégicos do plano em vigor. Chama atenção o fato de estes programas serem, muitas vezes, implementados ao longo de dois, três ou quatro planos quinquenais. Apesar da importância dos programas iniciados ainda nos anos oitenta, os fatos mais marcantes da nova estratégia chinesa vieram com o 11° Plano Quinquenal (20062010), quando a China mudou o foco de sua estratégia de crescimento, priorizando atividades orientadas à inovação tecnológica no lugar da indústria e agricultura tradicionais. O Programa Nacional de Médio e Longo Prazo para Desenvolvimento da Ciência e da Tecnologia (MLP) de 2006, cujo horizonte vai até o ano de 2020, é o grande instrumento dessa mudança, com ênfase na inovação nativa, no salto tecnológico em áreas prioritárias e já com ambição de alcançar um protagonismo global. Mais recentemente, com o novo plano quinquenal chinês (2011—2015), a ênfase dada a essa dimensão da estratégia chinesa foi reforçada. Este novo plano quinquenal faz a emblemática proposta de passar do "made in China" para o "design in China". A China já é o principal exportador de produtos manufaturados do mundo e também é o segundo maior fabricante de bens de alta tecnologia. Contudo, apesar de os gastos em P&D da indústria de alta tecnologia terem triplicado entre 2003 e 2008, o diagnóstico deste novo plano quinquenal é que o país ainda apresenta um atraso quando se trata dos esforços de P&D das empresas desses setores. Sua meta é deixar de ser uma plataforma de exportação de grandes empresas multinacionais estrangeiras — e também das empresas nacionais — para dar um salto qualitativo, passando da imitação para a inovação, buscando a liderança mundial apoiada na inovação.

Vale destacar que, durante todo o processo de reformas, de 1978 até nossos dias, a China manteve a característica leninista-stalinista em torno da natureza sistemática e continuada do planejamento chinês e da capacidade de fazer políticas efetivas de seu Estado nacional. A sistemática chinesa de formulação e implementação de planos quinquenais confere ao seu planejamento, quer em termos gerais, quer setoriais, uma eficácia muito maior que a dos países capitalistas. Em primeiro lugar, porque a cultura de planejamento de longo prazo já está estabelecida e é uma rotina para todos os órgãos de governo. Em segundo lugar, porque há continuidade nas ações e os novos planos dão sequência aos anteriores, sem as rupturas que comumente ocorrem na democracia liberal. Em terceiro lugar, porque a implementação dos programas é favorecida pelo grau de comando e controle que o Estado chinês possui sobre muitos dos atores envolvidos, que, em grande parte, dependem diretamente do governo (empresas estatais, institutos federais de pesquisa etc.) ou estão sujeitos a regras bem rígidas.

São tantas contribuições de Deng que seria penoso sistematizar, mas podemos elencar seus fundamentos:

1) nem a pobreza nem o desenvolvimento lento são socialismo — a tarefa fundamental do socialismo é desenvolver as forças produtivas. Na verdade, o socialismo em todos os países é construído com base nas forças produtivas menos desenvolvidas, e a pobreza é o seu ponto de partida desfavorável. A tarefa fundamental na prática do socialismo deve ser, portanto, erradicar a pobreza.

2) A chave para alcançar a modernização é o desenvolvimento da ciência e da tecnologia, Inclusive na governança. E, a menos que se preste atenção especial à educação, será impossível desenvolver ciência e tecnologia — "a ciência e a tecnologia constituem uma força produtiva primária. A conversa vazia não levará a nossa modernização a lugar nenhum; devemos ter conhecimento e pessoal treinado"."

3) nem igualitarismo nem polarização são socialismo — o objetivo final do socialismo é a prosperidade comum. ""A maior superioridade do socialismo é que ele capacita todas as pessoas, e a prosperidade comum é a essência do socialismo"." No entanto, prosperidade comum não significa prosperidade para todos ao mesmo tempo; algumas pessoas e algumas áreas devem ser autorizadas a enriquecer primeiro. É impossível que todas as regiões se desenvolvam no mesmo ritmo — "A maior superioridade do socialismo é que ele permite que todas as pessoas prosperem, e a prosperidade comum é a essência do socialismo. Se a polarização ocorresse, as coisas seriam diferentes. As contradições entre vários grupos étnicos, regiões e classes se tornariam mais nítidas e, consequentemente, as contradições entre as autoridades centrais e locais também seriam intensificadas. Isso levaria a distúrbios"." A grande diferença entre as rendas das pessoas, durante o processo de permitir que algumas fiquem ricas primeiro, deve ser abordada de forma consciente e precisa ser tratada com cuidado e habilidade. As altas rendas legais devem ser permitidas e protegidas, mas, ao mesmo tempo, as medidas regulatórias necessárias devem ser impostas.

4) uma economia planejada não significa necessariamente praticar o socialismo, e uma economia de mercado não significa necessariamente praticar o capitalismo — uma economia de mercado pode ser praticada sob o socialismo. "Não há contradição fundamental entre o socialismo e uma economia de mercado. Devemos entender teoricamente que a diferença entre capitalismo e socialismo não é uma economia de mercado em oposição a uma economia planejada. O socialismo é regulado pelas forças de mercado e o capitalismo tem controle por meio do planejamento.""

5) sem democracia não haveria socialismo ou modernização socialista, e a democracia é uma importante característica política do socialismo. Deng sustentou que "a democracia deve ser institucionalizada e transformada em lei, de modo a garantir que as instituições e as leis não mudem sempre que a liderança mudar, ou sempre que os líderes mudarem de opinião ou mudarem o foco de sua atenção. Juntamente com a expansão de nossas forças produtivas, devemos também reformar e melhorar nossas estruturas econômicas e políticas socialistas, construir uma democracia socialista altamente desenvolvida e aperfeiçoar o sistema jurídico socialista."

6) socialismo em mutação — negar que exista, na sociedade socialista, contradição entre as forças produtivas e as relações de produção, e entre a base econômica e a superestrutura, inevitavelmente levaria à negação da necessidade de reforma do socialismo e, assim, à ossificação dos sistemas econômico e político. Deng enfatizou: "Se queremos que o socialismo alcance a superioridade sobre o capitalismo, não devemos hesitar em aproveitar as conquistas de todas as culturas e aprender de todos os outros países, incluindo os países capitalistas desenvolvidos, todos os métodos e operações e técnicas de gestão avançados que refletem as leis que regem a produção socializada moderna." "Deng viu a abertura para o mundo exterior como um elo vital para atingir o grande objetivo da modernização socialista na China.

7) defender e melhorar o Partido Comunista — a grande lição da experiência soviética é que a liderança do partido não deve ser descartada. Ele disse: "Em última análise, sem a liderança do partido, seria impossível alcançar qualquer coisa na China contemporânea". As grandes conquistas na China desde a reforma e abertura foram todas marcadas sob a liderança do Partido Comunista. "A campanha da China e da China para

a modernização socialista", disse ele, "deve ser liderada pelo Partido Comunista. Este é um princípio inabalável.""

8) deve haver um alto nível de progresso ideológico e ético, que é uma característica da ideologia e da cultura socialistas. Deng Xiaoping: "enquanto trabalhamos por uma civilização socialista materialmente avançada, devemos construir uma que seja cultural e ideologicamente avançada, elevando o nível científico e cultural de toda a nação e promovendo uma vida cultural rica e diversificada, inspirada em alto ideal. Em termos da teoria básica do socialismo, a sociedade socialista será aquela na qual haverá um desenvolvimento econômico, político e cultural completo. O progresso ideológico e ético é uma importante característica cultural de uma sociedade socialista e um aspecto da superioridade do socialismo sobre o capitalismo. Em termos dos objetivos de modernização estabelecidos pela linha do Partido, o desenvolvimento econômico, a democracia política e o progresso ideológico e ético formam um todo orgânico. O progresso ideológico e ético não é apenas parte integrante do objetivo geral, mas também uma garantia ideológica de dar força motriz a todo o impulso de modernização, suporte intelectual e uma direção correta. É a dimensão espiritual do socialismo, que promove uma força geradora."

Se virarmos as páginas das *Obras Selecionadas de Deng Xiaoping* sobre reforma e abertura, o primeiro artigo dedicado a isso é intitulado "Emancipar a mente, buscar a verdade dos fatos e unir-se como um só olhando para o futuro". Na verdade, era o texto do discurso de Deng Xiaoping proferido na Terceira Sessão Plenária do Décimo Primeiro Comitê Central do PCC. "Nossa principal tarefa é emancipar nossas mentes", destacou no início. "Só assim podemos, sob a orientação do marxismo-leninismo e do pensamento de Mao Zedong, encontrar soluções corretas para toda a gama de questões, tanto deixadas da história quanto emergentes, e reformar apropriadamente esses aspectos das relações de produção e superestruturas que não são adequadas ao rápido desenvolvimento das forças produtivas."" A aposta de Deng era que a China traria o rejuvenescimento da causa socialista em todo o mundo, com um futuro infinitamente mais brilhante que seu passado. Essas dimensões do pensamento de Deng se mantiveram pelas novas gerações dos dirigentes comunistas chineses e ainda hoje servem de base para a ação do Partido Comunista sob a liderança de Xi Jinping. Conhecer melhor o pensamento de Deng é conhecer melhor a China socialista.

REFERÊNCIA

Deng Xiaoping, Selected Works (Beijing: Foreign Languages Press), vol. I, II e III.

PARTIDO COMUNISTA CHINÊS, ESTE DESCONHECIDO

O Partido Comunista Chinês (PCCh) realiza um congresso nacional a cada cinco anos, desde 1977. Duas vezes por década, o partido apresenta as prioridades políticas e mudanças nas lideranças, sendo o evento político mais importante da China. Ele não deve ser confundido com os dois congressos nacionais convocados em março de cada ano, pois esses são os congressos do governo central, não do partido. O Congresso do PCCh deste ano, a partir de 16 de outubro, será o vigésimo encontro desde que o partido foi fundado em 1921.

De acordo com a Constituição do PCCh, os congressos do partido devem se reunir a cada cinco anos. Essa convenção foi um elemento-chave das reformas de 1978 de Deng Xiaoping. Ele pretendia restaurar um processo político institucionalizado após dez anos caóticos de Revolução Cultural, com numerosos expurgos políticos e ataques pessoais, sob Mao. Esta prática tem sido rigorosamente seguida desde o 12º Congresso, em 1982.

O que é conhecido como "O congresso do partido" é o primeiro plenário do novo congresso. Abre uma semana após o sétimo e último plenário do congresso anterior. A tradição do *plenum*, ou assembleia, foi estabelecida, também, desde a fundação do partido. Cada congresso tem sete *plenums*, com o *plenum* final intimamente ligado ao primeiro do novo congresso na definição da agenda política.

Em junho de 2021, como parte dos preparativos para o 20º congresso, o Departamento Central de Organização (COD) divulgou divulgou estatísticas descrevendo a demografia do PCCh. Existem atualmente 95,2 milhões de membros, dos quais 27,5 milhões (29%) são mulheres. As organizações partidárias estão estabelecidas em 29.693 municípios, 113.268 comunidades (comitês de bairro), 8.942 ruas urbanas e 491.748 vilas administrativas em todo o país, com uma taxa de cobertura superior a 99,9%. Cerca de 49,5 milhões de membros têm um diploma universitário de dois anos ou mais. Entre janeiro de 2020 e junho de 2021, o PCCh recrutou 4,7 milhões de novos membros, 80% dos quais com menos de 35 anos. Atualmente, existem 4,86 milhões de organizações de base — 742 mil em agências governamentais, 933 mil em instituições públicas, 1,51 milhão em empresas e 162 mil em organizações sociais. De acordo com o COD, esses comitês de base do Partido, bem como a liderança em todos os níveis locais (ou seja, província, município, condado e cidade), são obrigados a realizar uma reorganização geracional (*dangwei huanjie*) anterior ao 20º Congresso. Isso envolve mudanças substanciais de liderança mudanças substanciais de liderança nas 31 províncias e municípios; 397 cidades em nível de prefeitura; 2.771 cidades em nível de condado; e 38.617 municípios e subdistritos urbanos. Não surpreendentemente, a preparação que antecede o congresso é vista como uma grande temporada política na China.

Antes do 20º Congresso do Partido, o Comitê de Revisão de Qualificações do congresso realizará a verificação final dos candidatos em termos de qualificações e credenciais. Serão eleitos 2.300 delegados, que representam 38 unidades eleitorais, abrangendo as 32 províncias, municípios e regiões autônomas do país, bem como três agências governamentais, duas agências de Hong Kong e Macau e o Exército Popular de Libertação. Eles vêm de todas as classes sociais, diferentes regiões e grupos demográficos, incluindo minorias étnicas. Todos os aspectos do congresso são cuidadosamente projetados.

Os delegados envolvem-se em cinco esferas de decisão. Dos 2.300, cerca de 1.800 estão na esfera básica. São prefeitos, gestores e lideranças comunitárias. Além disso, muitas celebridades que sejam membros do partido, como atuais e ex-campeões olímpicos, astronautas, cantores de ópera e âncoras de TV, ao lado de trabalhadores comuns. Acima desses membros, na quarta camada, está a Comissão Central de Inspeção Disciplinar (CCID), com 130 membros. Na terceira camada, está o Comitê Central do PCCh, atualmente composto por 205 membros com 171 suplentes. Os membros desses dois comitês são provenientes de vários ministérios e governos provinciais, bem como de importantes empresas estatais, do Banco Central e do Exército de Libertação Popular. Acima do Comitê Central está o núcleo do partido: o Politburo e seu Comitê Permanente. O Politburo, que atualmente conta com 24 membros, inclui os líderes de alguns municípios-chave e os chefes de alguns dos ministérios e departamentos mais importantes. É um órgão de decisão intermediário entre o Comitê Permanente, com sete integrantes, e o Comitê Central do partido, com 376.

Em 2017, foi realizado o último congresso. O Comitê Permanente passou a ser formado por Xi Jinping, Li Keqiang, Li Zhanshu, Wang Yang, Wang Huning, Zhao Leji e Han Zheng. A geração mais jovem de futuros líderes em potencial, como Hu Chunhua e Chen Min'er, ficou ausente dessa nova formação — como tal, não há um sucessor claro para Xi. Isso rompeu com a tradição de garantir que os líderes mais jovens sejam eleitos para o Comitê Permanente no segundo mandato do presidente chinês.

Em 2018, a Constituição do PCCh foi alterada para remover os limites de mandato do secretário-geral, permitindo que Xi Jinping seja eleito para um terceiro mandato. O limite de 68 anos também não se aplica ao secretário-geral, que completou 69 anos este ano.

No 20º Congresso serão aprovados membros de alto nível e tomadores de decisão do partido para o período até 2027. Espera-se que vários dirigentes em exercício do Politburo e do Comitê Permanente deixem o cargo, pois ultrapassaram a idade de aposentadoria de 68 anos ou atingiram o limite de dois mandatos para funcionários seniores. Os principais líderes das três equipes administrativas mais importantes — Li Keqiang (1955), Han Zheng (1954) e Liu He (1952) no setor econômico e financeiro; Yang Jiechi (1950) e Wang Yi (1953) em relações exteriores; e Xu Qiliang (1950), Zhang Youxia (1950) e Wei Fenghe (1954) nas forças armadas — todos devem se aposentar com base nas normas anteriores. A nova resolução do Partido, no entanto, permite que alguns deles permaneçam na liderança.

Quanto ao cargo de primeiro-ministro, o limite de dois mandatos permanece intacto. Li Keqiang, que é primeiro-ministro do Conselho de Estado desde 2013, anunciou em março de 2022 que deixaria o cargo no início de 2023, pois atingiria o limite de dois mandatos. O primeiro-ministro é o segundo em comando no governo chinês depois do secretário-geral e o cargo administrativo de mais alto nível. Ele também é membro do Comitê Permanente e do Politburo. A principal responsabilidade do primeiro-ministro é supervisionar o trabalho do Conselho de Estado, o ramo executivo do governo, que supervisiona uma ampla gama de órgãos governamentais, incluindo o Banco Popular da China (PBOC), o Escritório Nacional de Auditoria e 21 ministérios. O primeiro-ministro também preside as reuniões executivas semanais do Conselho de Estado, nas quais são discutidas políticas econômicas e sociais importantes, tendo o poder de decisão final sobre as principais questões desse órgão.

Além de Li Keqiang, dos sete do Comitê Permanente, também devem se aposentar Han Zheng e Li Zhanshu. Han Zheng, o atual vice-premier, completará 68 anos em 2022, que é exatamente a idade tradicional de aposentadoria. Como Han não é um aliado próximo de Xi, é improvável que ele seja promovido após essa idade. Outro membro, Li Zhanshu, é o atual presidente do comitê permanente da Assembleia Popular Nacional da China. Ele é conhecido por ser o terceiro homem mais poderoso do país e é considerado próximo de Xi. Tem 71 anos. Existe maior dúvida quanto a Wang Yang, que tem 67 anos e é secretário do Partido da Conferência Consultiva Política do Povo Chinês; atuou como vice-primeiro-ministro de 2013 a 2018 e é considerado próximo do grupo de Hu Jintao.

Wang Huning, por vezes conhecido como *mastermind* por trás de Xi Jinping, atuou como conselheiro-chefe de três presidentes desde 1995, preparando teorias a serviço de três governantes. Membro do Comitê Permanente do Politburo, é um dos principais teóricos ideológicos da China, apontado por alguns observadores como o "homem de ideias" por trás de cada um dos conceitos políticos de assinatura de Xi, incluindo o "Sonho da China", a campanha anticorrupção, a Iniciativa do Cinturão e Rota, uma política externa mais assertiva e até mesmo o "Pensamento Xi Jinping". Tem numerosos livros e é conhecido por defender que a China deve resistir à influência liberal global e se tornar uma nação culturalmente unificada e autoconfiante, governada por um Estado-partido forte e centralizado. Como reitor de política internacional na Universidade de Fudan, ele treinou seus alunos na oratória britânica e ganhou o primeiro prêmio com eles duas vezes no Asian Universities Debating Competition, em Cingapura, em 1988 e 1993. Antes de 1995, escreveu mais de uma dúzia de livros que fizeram sucesso. Os líderes da China o levaram para Pequim em 1995 para se juntar à equipe de pesquisa política. Exerceu influência significativa sobre a política e a tomada de decisões de três líderes supremos, um feito raro na política chinesa, o que o fez ganhar comparações com figuras famosas da história da China, como Zhuge Liang e Han Fei (historiadores chamam este último de "Maquiavel da China"), que também serviram atrás do trono como poderosos conselheiros estratégicos — uma posição referida na literatura chinesa como *dishi*: "Professor do Imperador". Tal figura é reconhecível no Ocidente como uma eminência parda. Deve permanecer no Comitê Permanente.

Já Zhao Leji, chefe do Departamento de Organização do Comitê Central do PCCh, aponta as posições-chave no partido, governo, forças armadas, empresas estatais e outras instituições. Tem papel crucial na Comissão de Disciplina. É conhecido por sua longeva proximidade com Xi Jinping. Tem 65 anos e deve seguir no Comitê Permanente.

Portanto, se não houver mudanças na quantidade de membros do Comitê Permanente, devem entrar três novos integrantes. Dos 25 membros do Politburo, excluindo os sete do Comitê Permanente e nove que atingirão a idade de aposentadoria quando o 20º Congresso for convocado, existem nove "concorrentes em potencial" que têm a chance de chegar ao Comitê Permanente. Pela idade, poderiam servir um mandato: Chen Quanguo (1955), Cai Qi (1955), Li Hongzhong (1956), Li Xi (1956), Huang Kunming (1956) e Li Qiang (1959). E para dois mandatos: Chen Min'er (1960), Ding Xuexiang (1962) e Hu Chunhua (1963). Para os 25 do Politburo, espera-se pelo menos 11 cargos para o próximo mandato, o que será uma considerável remodelação e introdução de membros novos e mais jovens.

Antes do 20º Congresso do PCCh em 2022, mudanças vigorosas de liderança estão em andamento. Numerosas estrelas políticas nascidas na década de 1970 tornaram-se membros dos comitês permanentes dos comitês de nível provincial do PCCh, mostrando sua proeminência na arena política da China. Após o 19º Congresso do Partido, em 2017, aliados de Xi assumiram as duas primeiras posições nas cidades e províncias mais importantes do país, principalmente Pequim, Xangai, Chongqing, Guangdong, Zhejiang e Hebei. Entre as muitas características coletivas distintas dos atuais chefes provinciais, aquelas que se destacam inequivocamente são a prevalência de líderes que avançaram em suas carreiras em Fujian, Zhejiang e Xangai — todas regiões onde Xi serviu como chefe de província.

Comparado com seus dois antecessores, Xi Jinping teve a vantagem de ter amplos laços regionais. Ele nasceu e foi criado em Pequim e frequentou a faculdade na capital. Como um jovem enviado, passou passou sete anos de formação em Shaanxi, que também foi o local de nascimento de seu pai — o que Xi identificou como seu "lugar de origem ancestral" (*jiguan*). Xi avançou em sua carreira política, no entanto, principalmente nas regiões costeiras, incluindo três anos em Hebei, 17 anos em Fujian, cinco anos em Zhejiang e quase um ano em Xangai. Essa combinação de experiências tanto no interior quanto nas áreas costeiras, e em condados rurais da "terra amarela" e cidades fronteiriças da reforma econômica e abertura do país, ampliou a rede política e a base de poder de Xi em um grande número de localidades.

A experiência administrativa local, especialmente administrando províncias e cidades cruciais, é muito vantajosa. Três principais estrelas em ascensão deste grupo têm experiência substancial de liderança provincial — Ma Xingrui como governador de Guangdong e secretário do partido de Xinjiang; Zhang Qingwei como governador de Hebei, secretário do Partido de Heilongjiang e secretário do Partido de Hunan; e Yuan Jiajun como vice-governador executivo de Ningxia, governador de Zhejiang e secretário do partido. Os secretários provinciais têm *status* político mais elevado do que os governadores/prefeitos. Entre eles, aqueles que atuam como membros do Politburo desfrutam de uma classificação mais alta do que seus pares sem filiação ao Politburo. Os chefes provinciais (secretários do partido, governadores ou prefeitos) são frequentemente os principais candidatos a cargos poderosos em Pequim, afirmando a tendência das últimas décadas de que os cargos oficiais provinciais são degraus fundamentais para posições de liderança nacional.

De acordo com dados populacionais divulgados pelo Bureau Nacional de Estatísticas da China em 2020, as cinco maiores províncias cinco maiores províncias da China — Guangdong (126 milhões), Shandong (102 mi), Henan (99 mi), Jiangsu (85 mi) e Sichuan (84 mi) — são todas mais populosas do que a Alemanha Alemanha (83 milhões), a maior nação da UE. Além disso, a população de Guangdong é a mesma do Japão (126 milhões), que atualmente ocupa o 11º lugar no mundo em tamanho populacional. Os resultados econômicos dessas províncias chinesas são mais do que substanciais. No início de 2022, o PIB total da Província de Guangdong província de Guangdong (US$ 1,93 trilhão) superava o da Coreia do Sul Coreia do Sul (US$ 1,91 trilhão), o país com o 10º maior PIB do mundo. Uma fonte oficial chinesa ainda destacou que, em termos de proeminência econômica, a província de Guangdong não fica muito atrás da Itália (US$ 2,3 trilhões) e do Canadá (US$ 2,2 trilhões), países com o 8º e 9º maiores PIBs. Além disso, se incluídas no ranking de PIBs por país, nove províncias chinesas nove províncias chinesas (Guangdong, Jiangsu, Shandong, Zhejiang, Henan, Sichuan, Hubei, Fujian e Hunan) estariam na mesma faixa das 20 maiores economias do mundo. Por fim, de acordo com dados do Banco Mundial em 2020, o PIB da província de Hunan (US$ 0,71 trilhão) superou o da Arábia Saudita (US$ 0,70 trilhão), país classificado em 20º no mundo.

Jovens lideranças, da sétima geração, foram nomeadas secretários do partido nas principais cidades, incluindo várias capitais de províncias importantes. Os exemplos mais proeminentes são os secretários do partido de Jinan (Liu Qiang, 1971), Xiamen (Cui Yonghui, 1970), Hangzhou (Liu Jie, 1970), Wenzhou (Liu

Xiaotao, 1970), Suzhou (Cao Lubao, 1971), Taiyuan (Wei Tao, 1970), Kunming (Liu Hongjian, 1973) e Urumqi (Yang Fasen, 1971). Todos esses líderes atuam simultaneamente como membros do Comitê Permanente do Partido em suas respectivas províncias. Dado o alto *status* administrativo dessas cidades, espera-se que todos esses secretários municipais se tornem membros pela primeira vez (provavelmente como suplentes, mas potencialmente como membros plenos) do 20° Comitê Central.

Outra transformação em curso é a ascensão do que se vem chamando de "Clube Cosmos", formado por figuras com experiência no programa espacial da China. Entre as 96 empresas emblemáticas da China sob a liderança da Comissão de Supervisão e Administração de Ativos Estatais (SASAC), conhecida como *yangqi* em chinês, 49 têm alto *status*, o que significa que seus presidentes, secretários do partido e presidentes têm o mesmo *status* que os líderes de nível de vice-ministro. Entre essas 49 empresas, 17 estão nas indústrias aeroespacial e de aviação ou se relacionam com elas.

No geral, os três grandes conglomerados estatais — CASC, CASIC e AVIC — constituem os principais impulsionadores das indústrias aeroespacial e de aviação da China. Eles estão entre as 10 maiores empresas do complexo militar-industrial do país e figuram na lista Fortune Global 500. A CASC atualmente realiza realiza tarefas de desenvolvimento, produção e teste para veículos de lançamento, satélites de aplicação, espaçonaves tripuladas, estações espaciais, veículos de exploração do espaço profundo, mísseis estratégicos e táticos e outros produtos aeroespaciais, bem como sistemas de armas. Atualmente, abriga oito complexos de pesquisa e produção científica em grande escala (chamados "academias"), 11 empresas corporativas especializadas e 14 empresas listadas, com um total de 174 mil funcionários na China e no exterior. A CASIC engajou engaja-se principalmente no desenvolvimento de veículos de lançamento e produtos de tecnologia espacial, foguetes e satélites. Possui atualmente 23 empresas secundárias sob sua jurisdição e mantém 150 mil funcionários.

A AVIC produz produz equipamentos de aviação, aeronaves militares, aeronaves de transporte, helicópteros e equipamentos e sistemas aéreos. Também se dedica à pesquisa de aviação, testes de voo, logística comercial, gerenciamento de ativos, planejamento e construção de engenharia e desenvolvimento automotivo. A AVIC tem mais de 100 empresas sob sua jurisdição e 450 mil funcionários. Sua presença global se estende a 60 escritórios em 29 países.

Figuras notáveis no clube incluem o secretário do partido de Xinjiang, Ma Xingrui (1959); o secretário do partido de Hunan, Zhang Qingwei (1961); o secretário do partido de Zhejiang, Yuan Jiajun (1962); o conselheiro de Estado Wang Yong (1955); o ministro da Supervisão de Ativos Estatais e Comissão de Administração (SASAC) Hao Peng (1960); e o Vice-Diretor Executivo do Escritório de Fusão Militar-Civil, Jin Zhuanglong (1964). Esses seis líderes têm décadas de experiência de trabalho nas indústrias espacial e de aviação da China e atualmente são membros plenos do Comitê Central do Partido Comunista Chinês. Dois — e talvez até três — deles serão fortes candidatos ao Politburo no 20º Congresso do Partido neste outono, e a maioria deles desempenhará um papel importante no terceiro mandato de Xi Jinping e além.

Outro que pode ascender ao Politburo é o recém-nomeado secretário do partido de Hunan, Zhang Qingwei, membro do Comitê Central por quatro mandatos. Tem 60 anos, 23 anos de experiência de trabalho no campo aeroespacial e já foi vice-comandante-chefe do programa de voos espaciais tripulados da China. Atuou como CEO da Commercial Aircraft Corporation of China (COMAC) e desempenhou um papel fundamental na construção da grande aeronave comercial da China. Em 2007, aos 46 anos, tornou-se diretor da Comissão Estadual de Ciência, Tecnologia e Indústria de Defesa Nacional, cargo ministerial. Com essa nomeação, também se tornou um dos ministros mais jovens dos ministérios nacionais da China à época, sendo considerado um alto funcionário de destaque entre a geração pós-60.

Um dos objetivos estratégicos do congresso deve ser acelerar o desenvolvimento civil e militar integral do país, especialmente em termos de sua competição com os Estados Unidos nos próximos anos. Em janeiro de 2017, Xi Jinping estabeleceu uma nova comissão para supervisionar a integração do desenvolvimento militar e civil, conhecida como comissão de fusão militar-civil, com o próprio Xi como chefe. Indiscutivelmente, o fornecedor de tecnologia mais importante na fusão do desenvolvimento militar e civil é a indústria aeroespacial, que realizou megaprojetos de alto nível, como o Programa de Exploração Lunar (também conhecido como Programa Chang'e), o Programa Espacial Tripulado (Programa Shenzhou) e a Estação Espacial Tiangong, entre outros. Existem, sem dúvida, outras razões importantes para Xi promover líderes da indústria aeroespacial, que incluem: 1) expandir canais para seleção de elite; 2) ampliar e diversificar sua base de poder político; 3) promover uma nova geração de tecnocratas com uma inclinação mais forte para a inovação indígena; 4) nomear "estranhos" para cargos de liderança provincial/municipal, a fim de minar o localismo econômico e facções políticas baseadas na localidade; 5) nomear ex-CEOs das principais empresas da China para serem chefes provinciais, a fim de aumentar a eficiência econômica e a competitividade internacional das localidades; 6) promover o desenvolvimento integrado de empresas militares e civis; e 7) fortalecer a segurança nacional por meio da construção de uma indústria de defesa mais modernizada.

No 19º Congresso Nacional, em 2017, o Pensamento Xi Jinping sobre o Socialismo com Características Chinesas para uma Nova Era foi inscrito na Constituição do PCCh, elevando-o ao mesmo *status* do Pensamento Mao Zedong. Isso foi significativo porque os dois secretários -gerais anteriores, Hu Jintao e Jiang Zemin, não são mencionados no texto, e a contribuição de Deng Xiaoping foi comemorada postumamente como uma "teoria" em vez de um "pensamento". Isso indica que o Congresso terá como importante decisão a reeleição de Xi Jinping como secretário-geral para um terceiro mandato sem precedentes e a potencial codificação do pensamento Xi Jinping na Carta do Partido. Durante o 19º Congresso Nacional, Xi Jinping apresentou um relatório com o título "Garantir uma vitória decisiva na construção de uma sociedade moderadamente próspera em todos os aspectos e lutar pelo grande sucesso do socialismo com características chinesas para uma nova era". O relatório, entre outras diretrizes e metas de desenvolvimento, estabeleceu um plano de desenvolvimento em duas etapas para o período de 2020 a 2035 e de 2035 a 2050. O relatório que será entregue no 20º Congresso Nacional buscará continuar a desenvolver esses objetivos e temas, destacando-se algumas das principais políticas de Xi Jinping, como "Prosperidade Comum", "Circulação Dupla", "Rota da Seda" sejam incorporadas ao plano de desenvolvimento. Muitos analistas também acreditam que o Pensamento Xi Jinping sobre o Socialismo com Características Chinesas para uma Nova Era será colocado em pé de igualdade com as doutrinas centrais do Partido de Mao Zedong.

Mais recentemente, em março de 2021, o Politburo estabeleceu estabeleceu um grupo de redação de documentos focado em reunir as "grandes conquistas e a experiência histórica dos esforços centenários do PCCh". Xi Jinping atuou como chefe do grupo, e dois membros atuais do Comitê Permanente, Wang Huning (1955) e Zhao Leji (1957), atuaram como vice-chefes. Isso pode sugerir que Wang e Zhao desempenharão papéis importantes sob a liderança de Xi Jinping no grupo de redação de documentos do 20º Congresso do Partido. Os membros deste grupo provavelmente incluirão o atual Diretor do Departamento Central de

Propaganda, Huang Kunming (1956), o Vice-Presidente Executivo da Escola Central do Partido, Li Shulei (1964), e o Diretor do Escritório de Pesquisa de Políticas, Jiang Jinquan (1959). Ainda será preciso analisar os planos econômicos e políticos que surgirão do encontro. É um momento de transição, mas que deve se focar na capacidade de continuidade para preservar a legitimidade do Partido. Como dizia Deng Xiaoping: "a transição da liderança partidária deve ser institucionalizada e exaustivamente consultada e examinada."

WANG HUNING, O IDEÓLOGO DO DRAGÃO

Em março de 2023, Wang Huning (王滬寧) foi eleito presidente do 14º Comitê Nacional da Conferência Consultiva Política do Povo Chinês (CCPPC), o principal órgão consultivo político do país. Huning é amplamente considerado o intelectual mais poderoso da China.

Wang nasceu em 1955 na província de Shandong, no leste da China, a mesma província de Confúcio. Em 1978, após o lançamento das reformas de Deng Xiaoping, Huning foi um dos primeiros a aproveitar o renascimento da universidade na China pelo sistema de admissão (*Gaokao*). Seu desempenho foi tão impressionante que ele foi aceito diretamente no programa de mestrado em política internacional na Fudan University, em Xangai. Seu orientador era Chen Qiren, uma autoridade nas obras de Marx.

Sua dissertação "De Bodin à Maritain: teorias de soberania pela burguesia ocidental" não está disponível ao público, mas seu primeiro livro , *Estado/Soberania Nacional* (*Guojia Zhuquan*), trata da importância da soberania como um conceito-chave na ciência política, traçando a origem e evolução do conceito no pensamento ocidental e contrastando-o com o conceito chinês de *zhuquan*, que antecedeu o conceito ocidental. O livro rastreia a gênese e a formação da soberania em diferentes épocas, explicando seu duplo aspecto na supremacia doméstica e na independência externa. Adotando uma perspectiva marxista, o livro elabora a natureza classista da soberania, pois o poder supremo é exercido pela classe dominante de cada sociedade. A maior parte do livro é dedicada a explicar os aspectos internos e externos da autoridade por meio de uma revisão detalhada da literatura teórica sobre o tema, avaliando autores clássicos como Sócrates, Agostinho, Maquiavel, Bodin, Hegel e Austin, até o significado da soberania para questões mais contemporâneas, incluindo a independência nacional, o Terceiro Mundo, a ordem internacional, citando Marx, Engels e Lênin, destacando a importância da soberania nacional para salvaguardar a paz internacional.

Dois meses após a publicação da versão da tese, Huning lança seu livro reconhecido como o mais importante, intitulado *Análise Política Comparada*, no qual adota uma perspectiva histórico-sócio-cultural para analisar as estruturas e padrões da política contemporânea por meio de uma revisão histórica das vicissitudes da humanidade desde os tempos antigos até os modernos do mundo atual. Ele traça a evolução histórica da política de tempos antigos até o presente, considerando as condições históricas, sociais e culturais de cada época como instrumentais no desenvolvimento da comunidade política e do sistema político (ou o Estado). Citando Marx e Lênin sobre a transição da sociedade socialista para o comunismo, em que tanto a política quanto o Estado no sentido atual seriam eliminados, Huning aponta que, embora a visão sem Estado seja uma possibilidade distante, não é totalmente sem sentido, pois fornece uma perspectiva histórica de longo prazo para a comparação e a análise, em certas circunstâncias. Daí a necessidade de acertar a política, a fim de evitar catástrofes como a Revolução Cultural, quando se permitiu que a luta de classes corresse desenfreada.

Em 1984, Huning ingressou no Partido Comunista. Como reitor de política internacional na Universidade de Fudan, treinou seus alunos na oratória britânica e ganhou o primeiro prêmio com eles duas vezes na Asian Universities Debating Competition, em Cingapura, em 1988 e 1993. Antes de 1995, escreveu mais de uma dúzia de livros e dezenas de artigos que fizeram sucesso.

Um de seus livros mais conhecidos é *América contra América*, fruto de uma viagem de seis meses por dezenas de cidades dos Estados Unidos, em 1988, como professor visitante, quando ficou desiludido com o fato de o país estar se despedaçando. Como escreveu: "Embora os americanos percebam que enfrentam problemas sociais e culturais intrincados, eles os consideram questões científicas e tecnológicas a serem resolvidas separadamente. Isso não os leva a lugar nenhum; seus problemas estão inextricavelmente interligados e têm a mesma causa raiz: um individualismo radical e niilista no coração do liberalismo americano moderno". Wang argumenta que a China precisa resistir à influência liberal global e ser culturalmente unificada, autoconfiante e liderada por um partido-Estado forte e centralizado. Ele reflete o desejo de misturar o marxismo com o confucionismo tradicional para sintetizar uma base para a estabilidade de longo prazo.

Em 1993, Huning publicou um artigo sobre "Cultura como poder nacional: poder brando cultural", argumentando que a cultura era a chave para fomentar a coesão doméstica ao mesmo tempo que aumenta o apelo e a atração do Estado no exterior. Trata-se de manter a influência do partido no contexto da "globalização ocidental". Huning defende que são os fatores culturais de uma sociedade que criam sua política. Não é sua organização econômica, mas o que ele chama de "software social" — valores, sentimentos, psicologia e atitudes. São eles que moldam o futuro político de uma sociedade. Huning aponta que a cultura política da China é diferente da do Ocidente. Sua preocupação era desenvolver uma "tecnologia política" que se adaptasse às condições nacionais da China, promovendo uma cultura política unificada e reagindo à vulnerabilidade à hegemonia cultural ocidental, importada através do comércio exterior e outras formas de soft power internacional.

Para Huning, a democracia só pode ser totalmente realizada estabelecendo um sistema político estável sob o controle do partido comunista. A única forma de garantir o desenvolvimento da China é com um governo central forte. No livro *Vida Política*, Huning aponta que o governo central deve passar de gerir a economia do micro para o macro e que, para o governo "manter a economia de mercado ordenada", é preciso manter o monopólio do partido na política, assim como manter as tradições sociais da China, com uma atitude vigilante em relação a movimentos culturais estrangeiros, por seu potencial de destruir a base social e o controle do partido sobre a China.

Huning começou com política francesa, passando para economia e história ocidental, depois para ciência política, preocupando-se especialmente com a legitimidade necessária para as iniciativas econômicas que estavam em marcha com Deng Xiaoping. Em 1995, os líderes da China o levaram para Pequim para se juntar à equipe de pesquisa política. Em 2002, Huning se tornou membro do Comitê Central e diretor do Centro de Pesquisa Política, equivalente a ministro. Em 2007, tornou-se membro do Secretariado do partido, num processo de crescente influência. Em 2012, Huning entrou no Politburo. Passou de um dos 204 membros do Comitê Central para os 25 do Politburo.

Extremamente discreto, serviu diretamente ao Comitê Central do Partido Comunista Chinês sob três líderes sucessivos: Jiang Zemin, Hu Jintao e Xi Jinping, tornando-se um dos maiores estrategistas da China, atuando como conselheiro-chefe de três presidentes desde 1995, preparando teorias a serviço de três governantes. Além de ideólogo do partido, faz parte de várias comissões que dirigem a formulação de políticas em assuntos como finanças, cibernética, construção do partido, e relações entre militares e civis. Ao exercer influência significativa sobre a política e a tomada de decisões dos três líderes supremos, um feito raro na política chinesa, ganhou comparações com figuras famosas da história chinesa como Zhuge Liang e Han Fei (historiadores chamam este último de "Maquiavel da China"), que também serviram atrás do trono como poderosos conselheiros estratégicos — uma posição referida na literatura chinesa como *dishi*: "Professor do Imperador".

Observadores externos do sistema político chinês frequentemente subestimam a importância da ideologia na política do Partido Comunista da China. O grande experimento chinês e sua projeção ideológica global em andamento têm no pensamento de Huning uma abordagem diferente da vigente no Ocidente. Já passou da hora de começar a levar a sério o pensamento estratégico das lideranças chinesas, conhecer suas formulações político-ideológicas e o que elas pressagiam para o futuro.

REFERÊNCIAS

PATAPAN, Haig, and Yi Wang, 2018. The hidden ruler: Wang Huning and the making of contemporary China. Journal of Contemporary China, 27(109), Pp.47-60.

WANG, Huning. 1986. Wang Huning: Reflection on "Cultural Revolution" and Reform of Political System. May 8. http://www.reformdata.org/1986/0508/5887.sh tml.

WANG, Huning, 1988 "The Changing Political and Cultural Structure of China," Fudan Journal (Social Science Edition), 3, Pp. 55-64

WANG, Huning. 1991. America against America (美国反对美国). Shanghai: Shanghai Literature and Art Publishing House

WANG, Huning, 1993, "Zhengzhi pian" ("On China's political development"), in Fudan fazhan yanjiuyuan (Fudan Development Institute), Zhongguo fazhan baogao (China Development Report: 1993) (Shanghai: Fudan Development Institute, 1993), Pp. 68-70

WANG, Huning. 1993. "Culture as National Soft Power: Soft Power." Journal of Fudan University. March.

COMO A CHINA ENCARA A MOBILIDADE URBANA

A China vive o maior e mais rápido processo de urbanização da história da humanidade. Centenas de milhões de pessoas migraram das áreas rurais para as cidades, levando ao surgimento de megacidades e à expansão das áreas urbanas. Essa rápida urbanização colocou imensa pressão sobre as infraestruturas de transporte existentes, resultando em estradas congestionadas, sistemas de transportes públicos superlotados e aumento da poluição. A rápida urbanização levou o governo a adotar iniciativas de cidades inteligentes voltadas para a criação de ambientes urbanos mais habitáveis, sustentáveis e eficientes.

Uma das maiores apostas para "rejuvenescer" o país e torná-lo mais moderno passou a ser o investimento na malha de transporte. Nos últimos 15 anos, a China tem conduzido uma verdadeira revolução nos seus sistemas de mobilidade. Impulsionada pela rápida urbanização e por avanços tecnológicos inovadores — de redes ferroviárias de alta velocidade a ônibus elétricos e iniciativas avançadas de planejamento urbano — a China está revolucionando a maneira como as pessoas se movem dentro das cidades e entre regiões.

A rede ferroviária de alta velocidade é uma prova dos esforços ambiciosos de desenvolvimento de infraestrutura do país. Os projetos começaram em 2004, quando o governo chinês criou o

Plano de Rede Ferroviária de Médio e Longo Prazo, determinando que a capacidade de transporte do país deveria atender às necessidades do desenvolvimento econômico e social nacional. O plano incluiu o projeto de uma rede de ferrovias de alta velocidade chamado "oito verticais e oito horizontais". A meta foi a de duplicar a rede anterior para melhorar a conexão entre as regiões Norte e Sul, e entre o Leste e o Oeste do país. Outro objetivo era expandir a rede de trens de alta velocidade até conectar todas as cidades com populações de mais de meio milhão de habitantes.

Hoje, com mais de 38.000 km de linhas ferroviárias de alta velocidade em operação, a China ostenta a maior e mais extensa rede desse tipo do mundo. O sistema conecta grandes cidades em todo o país, oferecendo opções de transporte rápidas, eficientes e acessíveis para milhões de passageiros todos os dias. A China chegou a 105 cidades com mais de 1 milhão de habitantes. Grande parte delas é atravessada por estações de trem de alta velocidade. Projetos como a linha que conecta Guangzhou a Shenzhen e Hong Kong integraram a população e impulsionaram o desenvolvimento de várias regiões. Além disso, as linhas que chegam até áreas remotas, como a Ferrovia Lhasa-Nyingchi, no Tibete, sugerem um compromisso de conectar todas as regiões, trazendo desenvolvimento para áreas mais isoladas. A velocidade é um fator decisivo dessa revolução. Os trens de alta velocidade chineses atingem até 350 km/h. Isso significa uma diferença gigantesca para quem precisa se deslocar entre cidades distantes. Uma viagem entre Pequim e Xangai, que antes levava 12 horas, hoje é completada em pouco mais de 4 horas. Já o trajeto entre Pequim e Guangzhou, que durava 21 horas, agora é feito em apenas 7 horas. Com a redução do tempo de viagem, milhões de chineses conseguem aproveitar mais o tempo em suas rotinas.

A China também tem exportado sua tecnologia ferroviária de alta velocidade para outros países, no Sudeste Asiático (como a ferrovia Bangkok-Nong Khai, na Tailândia, e a linha Jacarta-Bandung, da Indonésia), África (Nairóbi e Adis Abeba, por exemplo) e, mais recentemente, Europa, em cidades como Belgrado e Moscou, bem como na rota de trem de carga Pequim-Budapeste, de 9.500 km.

Além da conexão entre as cidades e regiões, a China está investindo pesadamente na modernização de seus sistemas de transporte público. Em 2004, começou a construção em grande escala de trens urbanos e corredores de ônibus. A concepção do sistema de BRT de Pequim, lançado em 2005, baseou-se em experiências latino-americanas, como os corredores de ônibus do Brasil e as estações fechadas, com serviço rápido e frequente, pagamento antes do embarque e alta qualidade de informações para os passageiros. Já são quase 50 cidades chinesas com sistemas de BRT funcionando. Em 2017, 29 cidades já tinham algum tipo de trem urbano — categoria que inclui metrôs, veículos leves sobre trilhos (VLT), monotrilhos e sistemas automatizados — com 118 linhas que percorrem 3.862 quilômetros e transportam 17,68 bilhões de passageiros por ano. Os sistemas de trens urbanos de Xangai e Pequim tornaram-se mais extensos mais extensos que os de Londres e mais movimentados que os de Nova York e Paris. Cidades como Shenzhen e Guangzhou introduziram sistemas avançados de cobrança de tarifas inteligentes, plataformas integradas de transporte inteligente e sistemas de informação de passageiros em tempo real para aumentar a eficiência e a conveniência dos serviços de transporte público.

Em algumas cidades, os trens urbanos são responsáveis por metade de todas as viagens feitas em transporte público. O transporte público de alta capacidade (metrôs, trens urbanos e BRT) em São Paulo, por exemplo, alcança apenas 25% da população. Em Pequim, chega a 60%, substituindo formas de transporte privado, com uma queda constante da proporção de viagens em carros privados e táxis.

O transporte inteligente também desempenha papel central nesses esforços, com cidades implantando redes de sensores, tecnologia da internet das coisas (*IoT*, em inglês) e análise de dados para otimizar o fluxo de tráfego, reduzir congestionamentos e melhorar a qualidade do ar. Por exemplo, Hangzhou, conhecida por suas estratégias inovadoras de planejamento urbano, implementou um sistema abrangente de mobilidade inteligente que integra transporte público, programas de compartilhamento de bicicletas e soluções inteligentes de gerenciamento de tráfego. A plataforma *City Brain* da cidade usa algoritmos de IA para analisar padrões de tráfego, prever congestionamentos e otimizar os tempos de semáforo em tempo real, resultando em um fluxo de tráfego mais suave e tempos de viagem reduzidos para os passageiros.

A China foi pioneira na adoção de ônibus elétricos como uma alternativa sustentável aos veículos tradicionais movidos a diesel. O país abriga a maior frota de ônibus elétricos do mundo, com milhares deles operando em cidades por todo o país, como Pequim, Guangzhou e Hangzhou. Ao fazer a transição para ônibus elétricos, a China visa reduzir a poluição do ar, combater as mudanças climáticas e promover soluções de energia limpa. As bicicletas elétricas também têm se espalhado por todo o país, bem como os sistemas de compartilhamento de bicicletas, lançados por marcas como Ofo e Mobike. São opções que oferecem velocidade e conveniência. Muitas cidades tornaram-se mais silenciosas e agradáveis.

Na área de transportes públicos, uma das inovações mais importantes é o ART (*Autonomous rail rapid transit*). Embora seu nome contenha *rail* (trilho), são veículos que circulam sobre pneus, como os ônibus. São "bondes sem trilhos", recuperando inovações do trem de alta velocidade e projetando-as em um ônibus. As inovações ferroviárias de alta velocidade transformaram um ônibus em algo com as melhores características do metrô leve, mas sem seus problemas. Substituem o ruído e as emissões dos ônibus pela tração elétrica a partir de baterias recarregadas nas estações em 30 segundos, ou no final da linha em 10 minutos. Têm toda a velocidade (70 km/h), capacidade e qualidade de condução do metrô ligeiro com seu sistema de orientação óptica autônomo, eixos duplos, sistemas hidráulicos e pneus especiais.

A CRRC Zhuzhou desenvolveu esse sistema e iniciou uma primeira operação comercial em Zhuzhou, na província de Hunan, em maio de 2018. A linha ART mais longa da China, a Linha T4 do sistema ART Yibin, em Sichuan, sudoeste do país, iniciou a operação de teste de passageiros em julho de 2023. A extensão total da Linha T4 é de 47 quilômetros. Existem 22 estações terrestres e um estacionamento na linha. A velocidade projetada da linha é de 70 quilômetros por hora. Conectando o Novo Distrito de Sanjiang e o Distrito de Nanxi de Yibin, a linha principal é uma estrutura importante para o contato rápido entre a área urbana de Yibin e seu Distrito de Nanxi. O ramal combina transporte de passageiros com passeios de lazer, graças a um corredor paisagístico ao longo do rio Yangtze. A Linha T4 encurtou o tempo de viagem entre o Novo Distrito de Sanjiang e o Distrito de Nanxi para 20 minutos. Em 2023, abriu-se outro sistema como linha de demonstração em Xi'an, no noroeste da China, província de Shaanxi. Em 2023, também foi implantada uma linha em Dubai, nos Emirados Árabes Unidos. O veículo ART padrão consiste em três vagões que podem transportar 300 pessoas; mas pode levar cinco vagões e 500 pessoas, se necessário. Os bondes sem trilhos podem evitar as piores características do metrô leve — interrupções e custos. A construção de vias férreas pode levar anos, causando grandes perturbações na economia local. O sistema de tração do ART é baseado em baterias de íons de lítio, proporcionando autonomia de 25 km com carregamento rápido de 10 minutos.

A China está na vanguarda do desenvolvimento de tecnologia de direção autônoma e sistemas de transporte inteligentes que empregam inteligência artificial, *big data* e conectividade para melhorar o gerenciamento de tráfego e a segurança nas estradas. Empresas como WeRide, Baidu e Pony.ai estão conduzindo testes extensivos e testes de implantação de veículos autônomos em centenas de cidades. O Estado tem apoiado publicamente esses esforços, emitindo regulamentações e diretrizes para facilitar o desenvolvimento e a implantação da tecnologia de direção autônoma. A ambição do país de liderar o mundo em tecnologia de veículos autônomos levou a investimentos significativos em pesquisa e desenvolvimento.

Em 2017, a empresa Golden Dragon apresentou o ASTAR, um novo modelo de miniônibus elétrico medindo seis metros de comprimento e dois metros de largura — sendo, por isso, extremamente ágil e manobrável. Já foi implantado nas províncias de Zhejiang, Guangdong, Jiangsu, Shaanxi e Fujian, tornando-se parte do transporte urbano. Na cidade de Fuzhou, o ônibus elétrico ASTAR está equipado com 10 assentos e pode transportar no máximo 24 passageiros. Atualmente, funciona em 12 rotas e oferece mais comodidade de viagem para mais de 280 mil passageiros que precisam viajar entre suas casas e as estações de metrô. Em Longgang, província de Zhejiang, um total de 40 unidades de ônibus elétricos ASTAR cruza a cidade. Trabalhando em quatro rotas de micro-ônibus, eles conectam áreas comerciais, comunidades residenciais, escolas e mercados de produtos agrícolas da cidade. Os residentes podem facilmente obter os serviços de ônibus simplesmente acenando com as mãos. Em Xiamen, os residentes podem solicitar serviços de transporte ASTAR em seus smartphones, o que economiza muito tempo das pessoas. Graças às tecnologias 5G, os ônibus elétricos ASTAR funcionam sob demanda, aumentando significativamente sua eficiência. Como ônibus de condução autônoma de segunda geração, atingem o nível 4 de direção autônoma e são capazes de realizar uma série de tarefas exigentes, incluindo evitar barreiras, planejar rotas, ultrapassar outros veículos, estacionamento autônomo, etc.

Essa revolução na mobilidade chinesa só está sendo possível pelo papel do Estado conduzindo o planejamento territorial e econômico, com financiamento massivo e grande capacidade na execução de projetos. Ferrovias de alta velocidade cruzando o país, eletrificação das frotas de ônibus e mobilidade compartilhada, automação, foco nas pessoas e grandes investimentos em tecnologia estão tornando a China uma referência em transporte moderno e sustentável. Seus experimentos de grande escala nas áreas de transporte são de enorme valor para outros grandes países em desenvolvimento.

CIDADES-ESPONJA, RESPOSTA CHINESA ÀS TORMENTAS

Com a gigantesca urbanização na China nos últimos quarenta anos, muitas cidades enfrentam problemas ambientais, em especial inundações, escassez de recursos hídricos, falta de reservas hídricas subterrâneas, poluição da água e alagamento urbano. A água é um dos recursos naturais mais desperdiçados. Trilhões de litros de água precipitam-se sobre as cidades do mundo apenas para serem desviados para sistemas de drenagem que a transportam para lagos, rios e oceanos distantes. Ao mesmo tempo, as cidades bombeiam água de fontes distantes ou de aquíferos que estão se esgotando rapidamente. Esses sistemas de drenagem são muitas vezes inadequados, conduzindo a inundações em massa que só se intensificam à medida que as cidades continuam a se expandir e as mudanças nos padrões climáticos resultam em tempestades mais frequentes e mais intensas.

A principal resposta chinesa para criar uma urbanização que responda a esses desafios são as "cidades-esponja".

Um dos principais responsáveis pela noção de "cidades-esponja" é o arquiteto paisagista Kongjian Yu. Ele ganhou reconhecimento internacional por projetos e medidas para enfrentar e prevenir inundações urbanas no contexto de mudanças climáticas aceleradas. sua investigação pioneira sobre os "padrões de segurança ecológica" e as "cidades -esponja" foi adotada pelo governo chinês como teoria orientadora para o planejamento nacional do uso do solo, campanha de cidades ecológicas e restauração ecológica urbana. O conceito virou política nacional na China China em 2013, dando prioridade a infraestruturas de grande escala baseadas na natureza, tais como zonas úmidas, vias verdes, parques, copas de árvores, proteção de florestas, jardins de chuva, telhados verdes, pavimentos permeáveis e biovalas. Embora a China tenha experimentado sistemas de reutilização de água urbana em massa durante mais de uma década, foi quando Xi Jinping declarou que as cidades "deveriam ser como esponjas" que nasceu o movimento das cidades-esponja. Até agora, 16 cidades-piloto foram selecionadas para fazer parte de um programa nacional sobre o tema. As cidades chinesas são obrigadas a manter 30% da cidade como espaço verde. Outros 30% são dedicados ao espaço comunitário.

Para Kongjian Yu, isso significa que há espaço suficiente para criar mais lagoas e parques de absorção de água que possam captar grandes quantidades de água. Sua abordagem inverte o planejamento do desenvolvimento urbano. O planejamento convencional baseia-se no crescimento populacional e é orientado para o desenvolvimento econômico. O desenvolvimento passa a ser o foco. Atribui-se uma certa quantidade de terreno para desenvolvimento e nova infraestrutura que permite o "progresso". "Yu pensa que a paisagem deve liderar o caminho, o que significa planejar e conceber infraestruturas ecológicas. Esta base para o desenvolvimento urbano deve ocorrer antes de que qualquer outro planejamento seja feito. Esse tipo de plano salvaguarda o processo ecológico e o patrimônio cultural. Significa integrar sistemas de gestão de águas pluviais, áreas de inundação, conservação da biodiversidade, locais de patrimônio cultural, corredores verdes, etc. Todos juntos.

Para Yu, a identidade de cada cidade é dada pela natureza. Em segundo lugar, pela história. A identidade vem de diversas paisagens e sistemas naturais. A ideia por trás de uma cidade-esponja é reestruturar a paisagem urbana para ser um local onde cada gota de água possa ser coletada e reutilizada localmente. Portanto, em vez do procedimento habitual de desviar a água da chuva das áreas urbanas com esgotos pluviais e sistemas de drenagem, uma cidade-esponja absorverá esse recurso vital como uma esponja. Isso é feito com concreto poroso, que permite à água da chuva penetrar no aquífero raso ou nas cisternas submersas abaixo; e com jardins (às vezes nos telhados) que podem reter a água no solo ou desviá-la para tanques de retenção. Essa água capturada podc então ser reaproveitada como potável, de limpeza ou de irrigação. As águas pluviais devem ser captadas utilizando infraestruturas verdes na sua fonte, onde caem. As esponjas devem ser distribuídas uniformemente e ser permeáveis para que possam absorver água em vez de transferi-la para outro lugar. Yu pensa que o problema na China é que alguns designers e engenheiros estão construindo parques, mas sem desenvolver a capacidade necessária de gestão de águas pluviais.

Yu produziu um livro didático para milhares de prefeitos da China, que, segundo ele, concordam com a abordagem. Sua empresa, Turenscape, com 400 trabalhadores, conseguiu, de forma surpreendente, construir centenas de espaços públicos e parques ambientalmente sensíveis que forneceram os serviços ecológicos e de infraestruturas suaves de zonas úmidas recriadas, face à vertiginosa urbanização da China nas últimas três décadas. seu trabalho já ganha força em todo o país, com políticas nacionais recentemente adotadas para que dezenas de grandes cidades chinesas adotem o conceito.

Num canto de Harbin, cidade em rápido crescimento no nordeste da China, uma vasta paisagem de azul e verde é visível entre os blocos habitacionais e os arranha-céus de uma metrópole que abriga 10 milhões de pessoas. O local, um parque de 32 hectares, é um pedaço raro da natureza em um ambiente urbano denso que quase sufocou a existência desse bolsão de pântano natural. Mas uma intervenção trouxe o local de volta à beira do abismo. Ao filtrar as águas pluviais da área urbana que o rodeia e usar plantações naturais, habitats e lagoas de retenção de água, o parque tornou-se uma paisagem viva capaz de absorver as chuvas da cidade. Plataformas elevadas e caminhos pedestres oferecem aos visitantes vistas dessa zona úmida recriada que, talvez sem que eles se apercebam, ajuda a proteger a cidade de inundações desastrosas.

O parque Yanweizhou foi concebido como uma zona úmida natural capaz de manter-se ativa mesmo inundada. As águas das cheias ali são recebidas de modo que o fenômeno torne-se um evento observável e a paisagem, em vez de ser danificada, seja reabastecida. O parque pode ser apreciado pelo público em todas as épocas do ano, mesmo na estação das monções, já que o projeto inclui uma ponte pedestre sinuosa de 2.300 metros de comprimento que paira sobre a água. A estrutura colorida, com sua grade tubular de fibra de vidro amarela e vermelha que lembra o dragão usado nas danças tradicionais dos festivais, serve de ligação entre o rio e a casa de ópera existente no local. O Parque Yanweizhou requer muito pouca manutenção e também auxilia na recarga dos aquíferos, utilizando recursos como o cascalho permeável, que contribui para a infiltração das águas pluviais no solo. O parque funciona como uma esponja verde, purificando a água ao absorver poluentes. Os parques fluviais de Kongjian Yu tornaram-se “máquinas paisagísticas resilientes”, operando através de tecnologias naturais para salvaguardar as cidades, protegendo-as de inundações frequentes, pois a água gerada pela enchente é retida, permitindo assim um fluxo controlado dentro dos parques, deixando a cidade intacta. Podem ser um recurso precioso e fundamental para contrariar os efeitos nocivos dos eventos climáticos extremos, que tendem a ser cada vez mais frequentes.

CAMPO CHINÊS: MODERNIZAÇÃO SEM LATIFÚNDIO

Com o estabelecimento da República Popular da China, em 1949, o Partido Comunista liderado pelo presidente Mao substituiu o sistema feudal de propriedade da terra pela coletivização, um tipo de sistema de produção agrícola no qual vários agricultores seriam envolvidos em propriedades como uma empresa conjunta. Naquela época, a porcentagem da população rural era de 90%, enquanto a população urbana era de 10%, o que significa que o sistema de produção agrícola não era capaz de alimentar a população.

Durante o primeiro plano quinquenal (1953-1957), foi formado um conjunto completo de sistemas de serviços de suporte de máquinas agrícolas do nível central ao local, e os camponeses foram mobilizados para participar ativamente do uso de máquinas agrícolas. No início da década de 1950, a China era uma aliada próxima da União Soviética e aceitava o modelo econômico soviético, incluindo a propriedade estatal de bens de capital, como matérias-primas, instalações, máquinas e ferramentas usadas na produção de bens e serviços, fazendas coletivas e manufatura industrial estatal. No entanto, o sistema econômico planejado centralmente administrava as fazendas mecanizadas estatais e as estações de tratores muitas vezes em contradição com a produção e gestão da economia camponesa coletiva. Em 1958, o Estado decidiu eliminar o sistema operacional centralizado das estações de tratores estatais e adotou um sistema descentralizado para distribuir as tarefas e responsabilidades às comunas populares. Em 1960, quase todas as estações de tratores foram transformadas em estações de tratores de comunas populares. No entanto, devido a uma base econômica fraca, muitas comunas não conseguiram atingir níveis de produção em larga escala.

No final da década de 1970, a China iniciou uma série de reformas no campo, começando pelo desmantelamento do sistema de terras comunais e a substituição pelo sistema de responsabilidade familiar, disseminando terras agrícolas para os agricultores com base em um princípio igualitário, resultando em milhões de pequenos agricultores com lotes pequenos e fragmentados. A produção e distribuição de máquinas agrícolas foram institucionalizadas. Muitas novas indústrias nacionais de máquinas agrícolas foram estabelecidas. Todo município passou a ter que criar uma empresa municipal de tratores. A indústria de máquinas agrícolas foi liberalizada e os agricultores começaram a usar máquinas agrícolas de forma independente. O Estado reduziu e, às vezes, isentou os impostos das empresas de máquinas agrícolas, visando sustentar sua produção. Providenciou o fornecimento anual de milhões de litros de óleo diesel barato para reduzir o custo para os agricultores e incentivar o uso de máquinas agrícolas. Além disso, continuou a administrar o sistema financeiro sob uma economia planejada para fornecer máquinas agrícolas para áreas rurais a um preço mais baixo. Estima-se que, desde então, o agricultor tenha subsídio de 70% no valor das máquinas.

A partir de 1978, a China começou a importar tratores de empresas dos EUA, como da John Deere, Case e New Holland, bem como de japonesas como a Hitachi. A intenção do governo chinês era alavancar a produção interna e, para isso, incentivou também a importação de tecnologia. A estratégia de modernização da indústria chinesa de máquinas agrícolas se apoiou na formação de *joint ventures* com grandes multinacionais estrangeiras desse setor. Participaram desse movimento corporações como a John Deere, New Holland e Caterpillar (EUA), Fiat e Goldoni (Itália), Deutz (Alemanha), Yanmar Farm (Japão), além da então União Soviética. Em todos os casos, a transferência de tecnologia a empresas chinesas foi condição essencial.

Durante as décadas de 1980 e 1990, o setor industrial nas áreas urbanas e costeiras apresentou um rápido crescimento, com aumento dos salários reais e uma quantidade significativa de mão de obra rural migrando para empregos não agrícolas. Com a transferência de grandes quantidades de mão de obra rural para as áreas urbanas e costeiras industrializadas para melhores oportunidades de emprego, a demanda por máquinas agrícolas teve grande expansão no campo. E a mecanização da agricultura em pequena escala passou a impulsionar a economia dos pequenos agricultores, proporcionando um aumento substancial em sua renda, reduzindo o custo de produção, acelerando e qualificando a operação agrícola e, assim, aumentando os rendimentos. A rápida aplicação de máquinas agrícolas liberou os agricultores para se transferirem para indústrias rurais fora da lavoura, gerando um aumento nos salários não agrícolas. A mecanização agrícola permitiu que os agricultores em empregos externos sustentassem suas famílias em áreas rurais. Pequenos agricultores também passaram a ganhar uma renda com o aluguel de suas máquinas agrícolas.

Em 2004, a China formulou sua lei de mecanização. Essa lei tornou possível uma implementação total da mecanização para a produção de grãos. Seu principal objetivo era pressionar produtores agrícolas e organizações de operações a utilizar máquinas agrícolas avançadas. A lei declarou os procedimentos e medidas necessários para o governo em sua implementação de políticas de mecanização para a produção, inspeção, fornecimento, serviço pós-venda e utilização conjunta de máquinas agrícolas. Foram definidas as tarefas e deveres do governo nacional, dos governos provinciais, instituições de pesquisa, produtores de máquinas agrícolas, provedores de serviços e governos locais. A lei introduziu oficialmente uma política de subsídio direto de máquinas agrícolas para agricultores, organizações de operações agrícolas e instituições financeiras para comprar máquinas agrícolas avançadas. Vários subsídios de mecanização foram adotados para apoiar a distribuição, produção, marketing, inspeção, serviço pós-venda e treinamento do usuário final para máquinas agrícolas.

O estabelecimento de serviços de aluguel de máquinas agrícolas, iniciado pela primeira vez em 2004, passou a oferecer aos pequenos agricultores acesso a máquinas a custos razoáveis. Os provedores de serviços de máquinas agrícolas são cooperativas agrícolas, empresas e agentes especiais que alugam máquinas de aração, semeadoras e colheitadeiras para pequenos agricultores. Desde então, a China alcançou grandes melhorias na produtividade agrícola em termos de produção, condições e rendimentos, melhorando a rápida absorção de máquinas agrícolas para substituir a migração de trabalhadores agrícolas jovens e qualificados, além de praticamente acabar com a pobreza rural.

O aumento na mecanização agrícola aumentou a produtividade ao proporcionar o uso mais eficiente de insumos agrícolas, como terra, água, fertilizantes, herbicidas e pesticidas, induzindo precisão e pontualidade na aplicação. O índice de mecanização também aumentou a variabilidade das safras e, ao aumentar a pontualidade das operações agrícolas, a mecanização pode calcular a sazonalidade precisa das safras, aumentando a utilização da terra e o nível de cultivo. O padrão de produtos agrícolas verdes, de alta qualidade e de marca passou a ser continuamente melhorado, com a diminuição da aplicação de fertilizantes químicos e pesticidas.

A agricultura da China é predominantemente de pequena escala, mas isso não leva necessariamente a uma menor eficiência ou eficácia de sua produção agrícola. A China alimenta 22% da população mundial usando apenas 7% de suas terras agrícolas, sendo o maior produtor de grãos do planeta. O nível de mecanização abrangente do cultivo e da colheita de safras na China aumentou de 32% em 2000 para 68% em 2020, dobrando em duas décadas. A taxa de mecanização do cultivo e colheita das principais culturas excede 70%, e mais de 80% nas principais culturas de grãos. As taxas de lavoura, semeadura e colheita mecânica estão em 84%, 56% e 61%, respectivamente. Atualmente, cerca de 87% da agricultura camponesa na China tem mecanização. E planeja-se atingir um nível de mecanização abrangente completo (100%) do cultivo de safras já nos próximos anos.

O poder total das máquinas agrícolas na China evoluiu de apenas 184.000 kw em 1952, 117,5 milhões de kw em 1978 e 1,06 bilhão de kw em 2021. A indústria de máquinas agrícolas tem crescido constantemente nos últimos anos, com mais de 10.000 empresas de fabricação e 20.000 de distribuição, muitas voltadas ao pequeno produtor. Um sistema operacional abrangente foi estabelecido, cobrindo fabricação, componentes, peças, vendas e serviços. Ocorre o fortalecimento dos grandes grupos nacionais, inclusive a partir da formação de conglomerados controlados diretamente pelo governo central. E, nessas condições, as empresas chinesas têm conseguido controlar o seu mercado interno de tratores, colheitadeiras e outros equipamentos para a agricultura, além de passar a ser uma potência exportadora de diversas máquinas agrícolas.

A China está tentando mecanizar completamente a cadeia geral de produção agrícola, do pequeno ao grande. Trata-se de um processo complexo e ainda ocorrem irregularidades na cadeia de produção agrícola. O nível de mecanização no estágio de produção tem sido muito maior do que nos estágios de pré e pós-produção. Além disso, o nível de mecanização é desigual entre as regiões, sendo compreensivelmente maior nas regiões economicamente mais desenvolvidas do que nas áreas economicamente menos desenvolvidas (isto é, maior no sudeste do que no oeste da China), nos tipos de culturas (sendo maior no arroz do que no trigo e no milho) e nas práticas agrícolas (onde a aplicação de máquinas agrícolas na lavoura é muito maior do que na colheita e processamento). Apesar dos desequilíbrios, nas últimas seis décadas, a China obteve incontestáveis avanços na mecanização rural, sendo uma ferramenta fundamental e um objetivo estratégico para a construção de um sistema agrícola socialista moderno no país.

Com base na experiência chinesa, os países em desenvolvimento nos estágios iniciais de mecanização, com um grande número de pequenos agricultores (como o Brasil, que não chega a 13% de mecanização da agricultura familiar), podem extrair algumas lições fundamentais sobre a mecanização da agricultura de pequena escala. Diversos países no Sul Global com agricultura de pequena escala ainda não exploraram o potencial da mecanização, principalmente devido a uma interpretação errônea de que apenas a mecanização em larga escala oferece benefícios. A mecanização é frequentemente vista como indigna na agricultura de pequena escala. Há uma perspectiva comumente aceita de que máquinas agrícolas são adequadas apenas para terras agrícolas de grande escala, impedindo que pequenos agricultores se beneficiem da mecanização. Se assim fosse, a probabilidade de possuir máquinas agrícolas estaria conectada ao tamanho das terras agrícolas. E, para tornar a situação mais difícil, os pequenos agricultores em países em desenvolvimento estão na extremidade inferior da escala econômica, frequentemente atingidos pela pobreza crônica, e sua menor eficiência de produção resulta em menores rendas.

É preciso construir uma teoria de mecanização apropriada na agricultura de pequena escala. Máquinas agrícolas adequadas às condições locais, como o tamanho da terra, a inclinação da terra, características do solo, tipo de cultura ou com uma relação custo-eficácia para os agricultores, influenciarão a decisão de adotar máquinas na agricultura de pequena escala. A escala da mecanização depende principalmente da escala das terras agrícolas: máquinas grandes para grandes fazendas e máquinas pequenas para pequenas fazendas. Otimizar a escala da máquina e da terra é uma das tarefas críticas no esforço para obter o melhor da mecanização, sendo uma das falhas mais críticas da mecanização na maioria dos países em desenvolvimento, devido ao equívoco de que as máquinas agrícolas só são lucrativas em grande escala.

Para concluir, é preciso enfatizar que a mecanização agrícola da agricultura de pequena escala é a chave para reduzir a subnutrição e a fome. É crucial uma intervenção consistente dos governos para aumentar a produtividade das áreas rurais dessa forma. Em primeiro lugar, o desenvolvimento da mecanização deve se basear em um sistema de autossuficiência. O estabelecimento de uma indústria de fabricação de máquinas agrícolas locais deve ser a prioridade para o desenvolvimento da mecanização, em especial máquinas compactas. Os governos precisam encorajar os fabricantes locais por meio de vários incentivos. Em segundo lugar, as cooperativas de serviços agrícolas que alugam máquinas representam um modelo adequado que permite que pequenos agricultores acessem máquinas para suas necessidades a um preço razoável. Leis, políticas de subsídios e incentivos de serviços de aluguel de máquinas agrícolas são todos mecanismos eficazes para aumentar a acessibilidade de máquinas agrícolas para pequenos agricultores. Em terceiro lugar, instituições de treinamento, como universidades, devem trabalhar em estreita colaboração com os agricultores, os formuladores de políticas e outras partes interessadas para facilitar uma rápida introdução de máquinas agrícolas. Essas lições podem ser adaptadas e aplicadas em outros contextos, contribuindo para o desenvolvimento da agricultura familiar e de pequena escala em diferentes regiões.

Apesar de muitos defenderem que o benefício total da mecanização pode ser obtido apenas aplicando-a à agricultura em larga escala, vemos que a China realiza uma mecanização bem-sucedida na agricultura em pequena escala por meio da aplicação de políticas, estratégias e medidas de incentivo. Para outros países, fica o desafio de aplicar firmemente políticas de mecanização agrícola apropriada à escala, desempenhando um papel vital na melhoria da segurança alimentar, combate à inflação, erradicação da pobreza rural e contribuição para o desenvolvimento econômico nacional.

DESAFIOS DA AGRICULTURA CHINESA PARA 15º PLANO QUINQUENAL

Com uma tradição agrícola milenar, a China sempre valorizou a agricultura como uma atividade fundamental para a sua economia, sua sociedade e sua cultura. O país foi um dos primeiros lugares do mundo a cultivar plantas e animais e a desenvolver sistemas de irrigação, cultivo e colheita, além de experimentar e difundir culturas como o arroz arroz, o trigo e o milho. Durante milênios na China, a segurança alimentar esteve inextricavelmente ligada à estabilidade social. A escassez de alimentos e a fome frequentemente desempenharam um papel central no desencadeamento de revoltas violentas. O último governo imperial chinês — a Dinastia Qing (1644—1911) — viu grandes fomes entre 1810 e 1907 que resultaram na morte de dezenas de milhões. Esses períodos de fome foram frequentemente seguidos por ou serviram como catalisadores para grandes rebeliões e conflitos mortais que enfraqueceram o controle imperial e pioraram as condições socioeconômicas no império, o que contribuiu para o colapso da dinastia.

Com o estabelecimento da República Popular da China (RPC) em 1949, o governo comunista do país enfrentou vários desafios imediatos para garantir um suprimento de alimentos estável e suficiente. Após décadas de invasão estrangeira e guerra civil, os cidadãos chineses estavam entre os mais pobres do mundo. A força de trabalho agrícola do país mal estava se recuperando de anos de recrutamento em massa e movimentos do campo para escapar da guerra. Além disso, a população de cerca de 550 milhões de pessoas estava crescendo rapidamente. Sob o presidente Mao Zedong, a RPC realizou reformas agrárias no campo, eliminou a propriedade privada de terras e estabeleceu coletivos agrícolas em linhas semelhantes à abordagem coletivizada controlada pelo estado da União Soviética. A China viu sucesso inicial no aumento da produção agrícola em quase 4% ao ano de 1952 a 1958. O aumento da irrigação em todo o país também melhorou os rendimentos das fazendas coletivizadas.

No entanto, diante do isolamento internacional, sob a tentativa de Mao de alcançar uma rápida industrialização por meio das políticas do Grande Salto Adiante (1958—1962), os fazendeiros foram designados para fabricar aço em fornos de quintal em vez de cultivar safras — o que, dada sua inexperiência, frequentemente resultava em produção ineficiente que gerava ferro comercialmente inutilizável. Os quadros tinham fazendeiros seguindo diretrizes mal planejadas, como o abandono de técnicas agrícolas tradicionais chinesas em favor de ideias influenciadas pelo agrônomo soviético Trofim Lysenko. O setor agrícola foi ainda mais pressionado por uma série de desastres naturais, incluindo as inundações de 1958 em grandes partes do norte da China e as secas em 1960—1961. Essas falhas contribuíram para a crise de segurança alimentar conhecida como os "Três Anos da Grande Fome". Depois desse período, o Partido Comunista retornou a um conjunto de práticas agrícolas mais baseadas na ciência.

A ascensão de Deng Xiaoping, em 1978, levou a reformas econômicas graduais orientadas para o mercado. No campo, isso significou a eliminação gradual das fazendas coletivas em favor da propriedade familiar. As famílias foram autorizadas a vender safras que foram cultivadas além das cotas do governo, incentivando assim o aumento da produtividade. A produção agrícola aumentou de 2,7% ao ano em 1978 para 7,1% ao ano durante os cinco anos seguintes às reformas. Além disso, cientistas chineses desempenharam um papel fundamental no alívio da fome. O renomado agrônomo Yuan Longping rejeitou as teorias de Lysenko e descobriu um tipo de arroz híbrido na década de 1960 que poderia aumentar a produtividade das colheitas em mais de 20%. No final da década de 1990, esse arroz híbrido alimentaria mais 100 milhões de cidadãos chineses. Em 2017, o arroz híbrido de Yuan representaria mais de 60% da produção de arroz do país e seria cultivado em mais de 60 países em todo o mundo. Isso contribuiu para uma redução significativa na subnutrição, isto é, o consumo alimentar habitual insuficiente para fornecer os níveis de energia dietética necessários para manter uma vida normal, ativa e saudável. Ainda em 2001, cerca de 10% da população da China enfrentava subnutrição, um número que caiu para menos de 2,5% por volta de 2010 e 1% em 2024.

A segurança alimentar de qualquer nação é essencial para a prosperidade e saúde de seu povo. Por isso, alimentar a vasta população da China é uma questão prioritária para Pequim. No entanto, a tarefa é vasta: a China deve alimentar quase 20% da população global, mas abriga menos de 10% das terras aráveis do mundo e 6% dos recursos hídricos do mundo. Isso se traduz em apenas 0,08 hectare per capita de terra arável para o povo da China, muito abaixo dos 0,48 hectare de terra arável per capita nos Estados Unidos.

A produção de grãos é uma pedra angular da estratégia de segurança alimentar da China, com ênfase em garantir estabilidade ““absoluta” “na produção de trigo e arroz produção de trigo e arroz, grãos que são vistos como essenciais para a segurança alimentar da China, fornecendo a base para uma estrutura agrícola autossuficiente. Em 2006, o governo introduziu um preço de suporte para o trigo: quando os preços de mercado caem abaixo do preço mínimo estabelecido anualmente, o governo se compromete a comprar trigo dos agricultores pelo preço de suporte, garantindo um nível de renda para os agricultores e incentivando o cultivo contínuo dessa cultura básica específica. De 2003 a 2013, a produção doméstica de grãos aumentou de 430 milhões de toneladas métricas para mais de 600 milhões de toneladas métricas mais de 600 milhões de toneladas métricas, especialmente em regiões-chave como o Rio Yangtze, Nordeste e Planícies do Norte. Em 2024, a produção de grãos do país atingiu um recorde de 706 milhões de toneladas recorde de 706 milhões de toneladas. A meta para 2030 é aumentar a produção de grãos em 55 milhões de toneladas 55 milhões de toneladas. Em linha com essa meta, o atual Plano Agrícola Quinquenal Plano Agrícola Quinquenal da China pretende manter aproximadamente 117 milhões de hectares de terras agrícolas de grãos, atingir uma produção anual de grãos superior a 770 milhões de toneladas, inclusive com um esforço para aumentar a produção doméstica de soja para 23 milhões de toneladas em 2025.

Com Xi Jinping, a partir de 2013, a segurança alimentar foi elevada como prioridade nacional, com a China trabalhando para salvaguardar seu suprimento de alimentos de longo prazo em meio à crescente instabilidade global. Além disso, diagnosticando um ambiente internacional mais contencioso, existe maior ênfase na autossuficiência agrícola e no fornecimento diversificado de insumos, alimentos, tecnologia e know-how essenciais. Desde então, estão sendo feitos investimentos cada vez mais significativos em pesquisa e desenvolvimento (P&D), particularmente em tecnologias de sementes híbridas tecnologias de sementes híbridas para culturas como arroz e trigo. Esse compromisso com a inovação é ainda mais evidente no 14º Plano Agrícola Quinquenal (2021—2025), que, vinculado ao Plano Nacional de Desenvolvimento Científico e Tecnológico de Médio e Longo Prazo (2021-2035) e ao 14º Plano Quinquenal para Promover a Modernização Agrícola e Rural, enfatiza que influxos financeiros substanciais foram direcionados para tecnologias de sementes híbridas, particularmente no domínio do arroz híbrido, milho, soja e trigo, e para a "criação "criação de alimentos do futuro", como ovos de origem vegetal. Além disso, designa áreas-chave designa áreas-chave para a produção de culturas básicas, como batatas no sudeste da China, arroz de dupla safra e trigo de alta qualidade no Cinturão Econômico do Rio Yangtze. Em 2021, emendas à Lei de Sementes da China fortaleceram a proteção dos direitos e interesses legais dos proprietários de novas variedades de plantas, incentivando a P&D de sementes. Com progressivos investimentos neste período, os gastos do setor público da China em P&D agrícola chegaram a 8 bilhões de dólares em 2024, maiores do que os da Índia, Estados Unidos e Brasil juntos.

Para atingir suas metas ambiciosas, a China está investindo pesadamente em inovação agrícola, particularmente por meio da biotecnologia e tecnologias digitais. A paisagem agrícola da China é caracterizada exclusivamente pela prevalência de pequenas fazendas familiares dispersas por todo o país, em vez dos grandes modelos de fazendas industriais de muitos países desenvolvidos. Embora esse modelo seja uma pedra angular da economia chinesa, fornecendo emprego a milhões, a natureza fragmentada das fazendas complica a disseminação de novas tecnologias agrícolas e dificulta a coordenação entre os agricultores e a padronização de práticas. Essas questões dificultam a produtividade e impedem os avanços em tecnologia e biotecnologia necessários para atender às crescentes demandas por alimentos. Embora os investimentos tecnológicos sejam essenciais, a China também deve fazer a transição dessa estrutura agrícola fragmentada para um setor mais eficiente e impulsionado pela tecnologia — uma transformação ainda em seus estágios iniciais e que deve ser alvo de atenção especial no próximo plano quinquenal.

Em 2023, foi lançado um plano emitido pelo Comitê Central do Partido Comunista da China e pelo Conselho de Estado para alcançar progressos substanciais na revitalização rural geral e promover a modernização da agricultura e das áreas rurais para um novo estágio até 2027. Este plano também tornou o aumento de renda dos agricultores uma prioridade para o desenvolvimento agrícola do país. O país está intensificando os esforços para impulsionar a demanda doméstica, e os agricultores também são os principais impulsionadores do consumo. Nessa linha, em 2023, foi instituído um subsídio anual de 10 bilhões de yuans (US$ 1,38 bilhão)um subsídio anual de 10 bilhões de yuans (US$ 1,38 bilhão) para aumentar a renda dos agricultores.

Outra estratégia para a manutenção da renda das zonas rurais é conferir papel fundamental às indústrias rurais, que possibilitam o alargamento da geração de empregos. O intuito principal das ações é que as indústrias rurais aproveitem os recursos regionais e as vantagens locais para a construção de parques industriais agrícolas modernos, cidades industriais agrícolas robustas, aglomerados industriais com vantagens características e parques de demonstração de tecnologia para o desenvolvimento integrado de indústrias rurais primária, secundária e terciária. Além de apoiar os pequenos produtores rurais, que representam mais de 90% dos produtores agrícolas do país, oferecendo crédito, subsídios, seguros e assistência técnica, a China também vem incentivando os agricultores a participar de cooperativas e associações, que facilitam o acesso a recursos, serviços e mercados. Existem mais de um milhão de cooperativas agrícolas na China, que envolvem cerca de 40% dos agricultores familiares. Essas cooperativas fornecem aos seus membros benefícios como economias de escala, redução de custos, aumento da renda, melhoria da qualidade dos produtos e fortalecimento da capacidade de negociação. As cooperativas também promovem a integração vertical da cadeia produtiva agrícola, estimulando atividades de processamento, armazenamento, transporte e comercialização dos seus produtos. Essa estratégia visa aumentar o valor agregado da produção agrícola, reduzir as perdas pós-colheita e melhorar a competitividade dos agricultores no mercado interno e externo.

Para adotar a digitalização para modernizar a agricultura, o Plano Nacional de Implementação da Agricultura Inteligente (2024-2028) inclui primeiro a construção de "vilas digitais" "vilas digitais" e parques agrícolas modernos com o objetivo de aumentar a produtividade por meio da inovação tecnológica. No início de 2025, foi lançada a Plataforma Nacional de Tecnologia Agrícola e Educação em Nuvem. Esta plataforma digital promove a partilha de conhecimentos e a aprendizagem independente entre os trabalhadores agrícolas. As medidas incluem a construção de redes óticas e 5G com boa infraestrutura de informação e comunicação, agregando-os para a transformação da agricultura inteligente e o estabelecimento de big data agrícola para auxiliar na produção. Os agricultores fornecem dados sobre culturas, pragas e condições no terreno e, em troca, podem acessar cursos de formação online, IA de diagnóstico e linhas de apoio. As start-ups de tecnologias de IA estratégicas podem dizer aos agricultores que insetos estão observando com apenas uma imagem e que pesticidas devem utilizar para proteger suas culturas. O governo central também envia equipes de peritos especializados para províncias afetadas por desastres naturais ou que estejam ficando para trás na produção agrícola, a fim de fornecer apoio no terreno e promover a popularização da tecnologia agrícola avançada.

No entanto, a busca pela autossuficiência absoluta em segurança alimentar é cheia de desafios que demandarão a elaboração de políticas específicas no próximo plano quinquenal.

A enorme escala da população da China em comparação com sua parcela de terra arável continuará a representar um problema significativo, agravado por restrições ambientais. Mesmo com tecnologias avançadas, há limites naturais para a quantidade de alimentos que podem ser produzidos de forma sustentável. Entre 2013 e 2019, a China registrou um declínio de mais de 5% das suas terras aráveis, em grande parte atribuído às práticas agrícolas destrutivas e aos governos locais que redirecionaram as terras agrícolas para infraestrutura e setor imobiliário. Para neutralizar essa diminuição, a China embarcou em algumas estratégias essenciais, incluindo o Plano Nacional de Construção de Terras Agrícolas de Alto Padrão (2021—2030), um plano nacional para melhorar a qualidade das terras agrícolas. O plano define metas para a criação e atualização de terras agrícolas até 2025, 2030 e 2035. Ele especifica de onde vem o financiamento (uma combinação de orçamento público geral, títulos, transferências de terras, etc.), fornece medidas anuais e lista maneiras de incentivar entidades privadas a investir no desenvolvimento de terras agrícolas de alta qualidade. E estabelece uma "linha vermelha" para terras aráveis: nada menos que 120 milhões de hectares nacionalmente. Em busca desse objetivo, a China introduziu medidas de restauração de terras agrícolas e práticas de rotação de culturas. Além disso, as autoridades chinesas criaram uma estratégia para "recuperar" terras agrícolas, revertendo áreas que haviam sido reaproveitadas para indústria, imóveis e infraestrutura. De 2021 a 2023, as autoridades chinesas recuperaram mais de 170.000 hectares (420.000 acres) de terras agrícolas. A realização completa deste plano deve ser central na política agrícola do próximo plano quinquenal.

A China enfrenta um grande desafio demográfico, que inclui taxas de fertilidade e uma força de trabalho rural em declínio. Em 2022, aproximadamente 176 milhões de pessoas estavam empregadas na agricultura, pesca e indústrias relacionadas. Isso representa 24% da força de trabalho. A grande maioria são pequenos agricultores, com uma idade média de 53 anos, sendo que mais de um quarto tem 60 anos ou mais. Projeções apontam que a proporção da força de trabalho agrícola pode cair para menos de 35 milhões. Esses desafios da força de trabalho vão além da agricultura, impactando setores como transporte e logística, que são vitais para a cadeia de suprimentos agrícolas. Em 2021, a China enfrentou uma escassez de 4 milhões de motoristas de caminhão, um problema que provavelmente piorará à medida que a população em idade ativa diminui e os mais jovens buscam melhores oportunidades melhores oportunidades nas cidades. Essa mudança demográfica significa que a China em breve enfrentará não apenas uma redução na força de trabalho agrícola, mas também menos trabalhadores rurais disponíveis para setores críticos, como transporte e logística, essenciais para manter as cadeias de fornecimento de alimentos. Para lidar com essa questão, vem sendo implantadas diversas políticas de mecanização do campo, que buscam assegurar uma produtividade maior num cenário de menor força de trabalho disponível.

Outro desafio emerge pelas mudanças nas preferências e demandas alimentares da população, especialmente da classe média urbana em rápida expansão. Acredita-se que o país, até 2030, terá cerca de 1 bilhão de pessoas pertencentes à classe média. Com o aumento da renda disponível e da exposição às culturas globais, há uma demanda crescente por opções alimentares seguras, variadas e de maior qualidade. A dieta tradicional chinesa é baseada em grãos básicos, rica em vegetais e pobre em produtos de origem animal. Mas, à medida que as rendas aumentaram, também aumentou o consumo de grãos refinados, carnes, óleos e açúcares. A cada ano, mais milhões de chineses buscam itens especiais, como produtos orgânicos, alternativas lácteas e carnes importadas. Dessa forma, a procura de produtos de carne por parte da população cada vez mais abastada aumentará de forma constante, correspondendo à crescente demanda por insumos de soja e cereais para alimentar o gado. Essa questão exigirá uma estratégia ousada a ser elaborada para o próximo plano quinquenal.

A China empreende uma estratégia multifacetada para buscar a autossuficiência em segurança alimentar, concentrando-se na recuperação de áreas degradadas, na aceleração do uso de variedades de alto rendimento, na mecanização geral e na ampliação do seu orçamento para estocar grãos e óleos comestíveis (visando maior controle dos preços internacionais). Seus desafios são cada vez mais difíceis, envolvendo o aumento e diversificação da produção agrícola sob restrições como a escassez de mão de obra, o envelhecimento da força de trabalho agrícola, a falta de terras aráveis, a pequena escala das unidades de produção e a ausência de ampla disseminação de tecnologia agrícola. Lidar com esses desafios e avançar nos diversos planos que estão sendo realizados deve estar no centro das políticas agrícolas chinesas a serem desenvolvidas no próximo plano quinquenal.

SOBRE O AUTOR

Fernando Marcelino Pereira, graduado em Relações Internacionais, Mestre em Ciência Política e Doutor em Sociologia e pós-Doutor em Urbanismo e Políticas Públicas pela UFPR. É autor de diversos estudos e livros sobre a China, entre os quais *Introdução ao Planejamento da China*, *A revolução das cidades inteligentes na China* e *Quem tem medo do projetamento?*

pólen bold 90 gr/m2
tipologia calisto mt
impresso no outono de 2025